In unseren Veröffentlichungen bemühen wir uns, die Inhalte so zu formulieren, dass sie Frauen und Männern gerecht werden, dass sich beide Geschlechter angesprochen fühlen, wo beide gemeint sind, oder dass ein Geschlecht spezifisch genannt wird. Nicht immer gelingt dies auf eine Weise, dass der Text gut lesbar und leicht verständlich bleibt. In diesen Fällen geben wir der Lesbarkeit und Verständlichkeit des Textes den Vorrang. Dies ist ausdrücklich keine Benachteiligung von Frauen oder Männern.

Impressum

 Evangelisches
Jugendwerk in Württemberg

© 1. Auflage 2015
buch+musik ejw-service gmbh, Stuttgart
Printed in Germany. All rights reserved.

ISBN Buch   978-3-86687-134-2
ISBN E-Book   978-3-86687-139-7

Lektorat:	Mirja Wagner, Marburg
Gestaltung und Satz:	buch+musik – Heike Volz, Stuttgart
Bildrechte Umschlag:	© Shutter81 – Fotolia.com
Illustrationen:	d-sign-struve, Simone Struve, Renningen
Bildrechte Autorenfoto:	privat
Druck und Gesamtherstellung:	CPI books GmbH, Leck

www.ejw-buch.de

Steffen Kaupp

GOTTESDIENST
einfach anders

Fit fürs Feiern werden

kompakt
praktisch

buch+

Inhaltsverzeichnis

Zusatzdaten
Zu diesem Buch können zusätzliche Vorlagen als digitale Daten heruntergeladen werden:
www.ejw-buch.de/shop/gottesdienst-einfach-anders.html

Der Kauf des Buches berechtigt zum Downloaden, Ausdrucken, Kopieren und Verwenden dieser Daten, sofern sie zur Vorbereitung und Durchführung der Inhalte dieses Buches verwendet werden. Eine Vervielfältigung, Verwendung oder Weitergabe darüber hinaus ist ohne Erlaubnis ausdrücklich nicht gestattet.

Gottesdienste sind in Vorbereitung und Durchführung eine knifflige Sache: Sie erfordern Zeit, viel Zeit. Sie schlucken Energie, viel Energie. Und sie haben ihren Preis, oft nicht nur die kleine Münze. All dies sind knappe Güter heutzutage.

Man könnte daher meinen, mit „Gottesdienst einfach anders. Fit fürs Feiern werden" kommt jetzt ein besonders effektives spirituell-sportliches Trainingsprogramm auf den Tisch, das ressourcenfreundlich über die Abkürzung ins Finale führt. Geistliche Anabolika, Gottesdienst-Empowerment aus der Hosentasche.
Aber, liebe Lesende, ich muss gleich zu Beginn ent-täuschen – diese sich täuschende Erwartung ausbremsen. Allerdings mit Hoffnung auf Besserung: Denn eine funktionierende Bremse muss ja nichts Schlechtes sein. Und mancher Umweg hilft, nicht auf der Strecke zu bleiben. Dies ist aber eigenverantwortlich zu entdecken – mit diesem Buch ...

Die Expedition beginnt. Jetzt. Auch mit Übungen, die die Bewegung verstärken.

Steffen Kaupp

1 | „Hab Acht!"

Auf die Haltung kommt es an

Ein Gottesdienst wird schon dadurch einfach anders, indem wir uns zunächst auf sein Wesen (neu) besinnen. Das bewirkt Halt, gibt Anhaltspunkte und lässt uns unsere Haltung bewusst werden. Es verändert unser Verhalten ihm gegenüber: Habe ich ein Freundschaftsverhältnis zu einer Person, dann wird mein Verhalten aufgrund dieser meiner Haltung von Vertrauen und Freundlichkeit bestimmt. Haltung prägt Verhalten. Deshalb eine kleine Übung gleich zu Beginn:

Übung: Welche Assoziationen und Begriffe verbindest du mit „Gottesdienst"? Was spiegelt sich davon in deinem Verhalten ihm gegenüber wider? (Dafür lohnt es sich, mal eine Pause zu machen ...)

1.1 Der Gottesdienst: Fest und Spiel

Gottesdienste werden nicht – zumindest nicht in erster Linie – effektiv ausgearbeitet, geplant und durchgeführt oder zielorientiert konzipiert. Gottesdienste werden gefeiert! Sickert nur diese Einsicht in uns ein, verändert sich unser Verhalten zum Gottesdienst und der Arbeit daran nachhaltig.

Zur Verdeutlichung: Wer kennt nicht die Verwandtschaftsfeste, einen 40. oder 70. Geburtstag, eine Hochzeit? Feste führen „verwandte Menschen" zusammen. Fröhlich, heiter, leicht. Und auffällig dabei: Dort hat das Spiel in Form von Theater- oder Sketchspiel einen festen Platz. Das provoziert wesentliche Fragen:

- Ist der feiernde Mensch immer auch ein spielender Mensch?

- Ist der Gottesdienst nicht auch ein solches Fest, eine Feier vor und mit Gott, bei der sich ja auch Menschen sammeln, die in einer gewissen Weise miteinander verbunden sind?

- Kann der Gottesdienst als Spiel-Raum verstanden werden?

Wäre schön, aber: Während bei Festen gelacht, gespielt und gegessen wird, wird in Gottesdiensten in ernster Weise weitgehend aufgeklärt, unterrichtet, appelliert. Eher selten dabei: Lachen, Spielen – oder sogar Abendmahl-Feiern. Etwas versöhnlich stimmt, dass im Anschluss – nach dem Gottesdienst – beim Catering vieles davon angesagt ist. Aber man wagt es kaum, zu träumen: Was würde das für einen Unterschied machen, wenn manches davon schon im Gottesdienst erfahrbar wäre? (Vielleicht müssten wir dann weniger Kuchen backen, Kaffee kochen und Tische stellen für weitere Festveranstaltungen? Hier wird deutlich, wie sehr unsere Haltung auch in Verbindung zu unseren Ressourcen steht. Aber dazu später mehr.)

 Übung: Wie würdest du die Grundatmosphäre, den „Sound" eurer Gottesdienstfeier beschreiben? Auf welchen Begriff, in welches Bild könntest du dies bringen? Lässt es Festlichkeit ahnen?

1.2 Das Wesen des Gottesdienst-Feierns

Der Gottesdienst hat das Zeug zum Fest, denn er setzt dem herausfordernden Alltag ein anderes, ein festliches Leben entgegen. Wir feiern ja Gott in unserer Mitte. Er hat sich angesagt, zugesagt – bedingungslos und freigiebig: In Christus hat er ein eindeutiges entschlossenes „Ja" (2. Kor 1,19 f.) zu uns gesprochen. Mit jedem Gottesdienst erinnern wir uns dieser „guten alten Zeit" und vergegenwärtigen sie: pure Bejahung meines Lebens. Grund genug, gemeinsam zu feiern.

Machen wir uns anhand folgender Bibel-Geschichte deutlich, was das gottesdienstliche Grundgeschehen auszeichnet:

„Es war schon spätabends an diesem ersten Wochentag nach dem Sabbat. Die Jünger waren beieinander und hatten die Türen fest verschlossen. Denn sie hatten Angst vor den jüdischen Behörden. Da kam Jesus zu ihnen. Er trat in ihre Mitte und sagte: ‚Friede sei mit euch!' Nach diesen Worten zeigte er ihnen seine Hände und seine Seite. Die Jünger waren voll Freude, weil sie den Herrn sahen. Jesus sagte noch einmal: ‚Friede sei mit euch! Wie mich der Vater gesandt hat, so beauftrage ich jetzt euch!' Dann hauchte er sie an und sagte: ‚Empfangt den Heiligen Geist! Wem ihr seine Schuld vergebt, dem ist sie wirklich vergeben. Wem ihr sie aber nicht vergebt, dem ist sie nicht vergeben.' (Joh 20,19-23)"

Eine verstörte, verschlossene Jüngerschaft. Jesu Freunde haben sich nach dessen Scheitern am Karfreitag verschlossen. Eingeschlossen in Ängste, Ungewissheit, Perspektivlosigkeit. Aber dann das Unerwartete: Es klopft – und der Herr des Lebens tritt ein. Gottes Lebendigkeit in ihm ist größer als die Todes-Wunden an seinem Körper. Die Jünger werden durch diese Begegnung froh – und erhalten Vollmacht durch den Heiligen Geist, mutig und befreiend hinaus in die Welt zu treten.

Was für ein Gleichnis für das gottesdienstliche Geschehen! Denn: Wir öffnen (uns) ihm, der in unsere Mitte kommt. Der da ist also einer, der das Leben entängstigt und aufschließt. Mit seinem Wort, mit seinem

Leib. Der durch die gottesdienstliche Begegnung mit ihm Geistesgegenwart wirkt und bevollmächtigt. Und am Ende sendet uns sein Segen hinaus in die neue Woche und die gottgeliebte Welt, um befreit befreiend zu leben. Dieser Gottes-Duft bestimmt die Gottesdienst-Luft. Wer ihn inhaliert, wird fit fürs Feiern.

Und zum Spielen, denn wie gesagt: Das Spiel ist dem Feiern nicht fremd. Eine (er)lösende Glaubenserfahrung kultiviert Lebensfreude und den Sinn fürs Spiel und Lachen. Wir entdecken den Gottesdienst als heiliges Spiel: Hier muss nicht von vorn bis hinten alles strengstens durchgeplant sein; hier erfährt man Spiel-Raum und ist neugierig, was sich daraus ergibt (beim Singen, bei der Moderation, bei der Verkündigung). Solche Glaubenserfahrung macht experimentierfreudig, neue Kräfte und Möglichkeiten werden entdeckt und ausprobiert. Sie macht fehlertolerant und mutig gegenüber der ständigen Sorge, ob man pünktlich landen wird oder ob die Musik hält, was sie vertont. Sie zeigt sich voller Vertrauen in den Spielmeister selbst: Christus. (Der übrigens im Weisheitsstrom des Alten Testaments als Gottes Liebling schon immer, von Anfang an Spielwitz und -lust besitzt: „Ich war als sein Liebling bei ihm, ich war seine Lust täglich und spielte vor ihm allezeit; ich spielte auf seinem Erdkreis und hatte meine Lust an den Menschenkindern" (Spr 8,30 f. Luther).

Wird der Gottesdienst als Fest und Spiel verstanden, dann ist das keine platte Feierabend-Party mit drögen „Helau"-Sprüchen. Gottesdienst wird schöpferischer Lebens- und Spielraum gegenüber allen knechtenden Mächten, gegenüber aller Zweckorientierung und allem Nutzendenken. Und dieser Freiraum verdankt sich allein einem Gott, der mit seiner Liebe zu Mensch und Schöpfung ernst gemacht und die Schattenmacht des Todes durch sein Kreuz gebrochen hat.

Um ihn geht es letztlich beim Gottesdienst-Feiern: Christus. Ihn kommen zu lassen, ist die eigentliche Kunst des Feierns!

Als das neue Gottesdiensthaus in Torgau 1544 eingeweiht wurde, skizziert Martin Luther einfach, aber prägnant den künftigen Spielplan desselben: „... auf dass dieses neue Haus dahin gerichtet werde, dass nichts anderes darin geschehe, als dass unser lieber Herr selbst mit uns rede durch sein heiliges Wort und wir umgekehrt mit ihm reden durch unser Gebet und Lobgesang." Christus ansprechend kommen zu lassen – darum geht es beim Gottesdienst-Feiern, dem Namen „Christus" Raum zu geben und dessen Gegenwart zu feiern. Biblisch drückt sich das so aus: „Warte ruhig, was der Herr tut! Sei gespannt, was er unternimmt (Ps 37,7a)! Oder: „Hört auf zu kämpfen und erkennt: ‚Ich allein bin Gott'" (Ps 46,11a)!

Dies zu beherzigen, würde einen davor bewahren, dass aus aller Experimentierfreudigkeit ein Stress-Experiment wird. Natürlich kann Christus über den Bruder, die Schwester und das, was sie planen und gestalten, in die Mitte treten. Aber mindestens ebenso spannend und verheißungsvoll sind die gottesdienstlichen Freiräume – wie Pausen, Stille, Vor- und Nachklänge, Improvisationen, Lobpreis, handlungsorientierte Selbstbesinnungen, gesprächsorientierte Gruppenbesinnungen. Schade, wenn man hier nicht mehr erwartet.

 Übung: Wo und wie hat Christus bei euren Gottesdienst-Feiern Raum, zu euch zu kommen? Wo und wie kann das Unerwartete geschehen?

1.3 Grundkoordinaten des Gottesdienst-Feierns

Wir finden in der Bibel kein Kapitel, das überschrieben ist mit: „Die Lehre vom Gottesdienst". Wie Menschen ihrem Gott Raum gegeben und ihm wiederum geantwortet haben, ist vielfältig. Steinaltäre, Zelt, Bundeslade, Tempel, Synagoge und Häuser sprechen eine Sprache

der Vielfalt. Entsprechend unterschiedlich waren die Praxis und ihre Formen.
Genau hier wird es eben eng für alle
Arten von Definitionen bezüglich des
Gottesdienst-Feierns. „Gottesdienst
ist eigentlich ..." – „nie so oder so"
muss man sagen! Für Christen gilt
das von Anfang an. Die ersten Chris-
tusfreunde feierten auf unterschiedlichste Weise Gottesdienst: im Tempel anders als in der Synagoge. Und
daheim in ihren Häusern nochmal anders: Gerade dort stand der Tisch und die
Mahlfeier im Mittelpunkt. Das Evangelium

wurde nicht nur aus den vorgelesenen Briefen der Apostel gehört –
nein, es wurde „verkostet" (wie es der alte Ignatius schön auf den
Begriff brachte). Brot und Wein drangen durch den ganzen Leib. Das
Evangelium der Liebe Gottes ging in der Tat durch den Magen. Gottesdienstliche Vielfaltskultur des Neuen Testaments.

Aus diesen knappen Beobachtungen ergeben sich nun gewisse
Grundkoordinaten für unser Gottesdienst-Feiern heute, die für sich
schon anregen, den Gottesdienst einfach anders zu gestalten:

- Das Feiern von Gottesdiensten ist stets in vielen Formen möglich.
  Die Favorisierung einer bestimmten Agende mag für einen Kulturkreis oder ein Milieu eine verlässliche Funktion haben – für
  Menschen aus einem anderen Kulturkreis oder einer anderen Lebenswelt aber muss dies keine „Heimatgefühle" auslösen. Ganz
  im Gegenteil!

- Der eine Gottesdienst als eine Veranstaltungsform für alle zu einer
  Uhrzeit und unter einem Dach kann nicht die „Mitte der Gemeinde" sein. Christus selbst ist diese Mitte. Und wenn gottesdienstlich
  der Name Christus gefeiert wird, dann geschieht dies in verschie-

densten Formen. Entsprechend der „Vielnamigkeit" Christi: Sohn Davids, Erlöser, Friedefürst, Herr, Meister usw. Eine liturgische Gesamtkonzeption einer Gemeinde, die Auskunft darüber gibt, wie wer mit wem wann wo Gottesdienst feiert, könnte diesem Rechnung tragen (siehe Kapitel 10).

■ Entscheidend ist nicht die Form, vielmehr lebt alles davon, dass Christus kommen kann. Es gilt demnach, geistesgegenwärtig zu feiern. Dies heißt nicht, dass der Geist Gottes keine Formen liebt. Formen halten ja in Form! Aber: Verantwortliche und Akteure des Feierns müssen darauf achten, Gefäß zu sein bzw. ein hörendes Herz zu haben – und weniger darauf, wie alles haargenau dem liturgischen Plan entspricht oder wie der Sound mit einem weiteren Equalizer noch optimiert werden kann. Wie in der Musik gilt: Der Mensch spielt den einzigartigen Ton, nicht die Maschine. Dafür ist es notwendig, die eigene Persönlichkeitsstruktur zu kennen, damit die eigene Persönlichkeit segensreich zum Zuge kommen kann – und nicht (unbewusst) zum Hindernis wird.

■ Das Evangelium spricht nicht nur unseren Kopf an. Denn wir alle sind nicht nur Kopf-Menschen, die noch „irgendwie einen Klotz am Hals" mit sich tragen. Wir haben nicht nur einen Körper – wir sind Körper. Die Verkündigung des Evangeliums fragt nach Tiefe, nach Sinnlichkeit, nach Ganzheit, nach Menschlichkeit.

■ Gottesdienst wird nicht für andere gefeiert. Auch nicht aus missionarischen Gründen. Die jeweils feiernde Gruppe oder Gemeinde gibt Gott so Raum, wie es ihr entspricht. Wir dürfen darauf vertrauen, dass dies auch missionarisch wirkt. In jedem Fall entspricht das Feiern so unseren Ressourcen und Möglichkeiten. Niemand hat ein Feuerwerk für andere zu veranstalten, die in der Regel dann trotzdem nicht erscheinen. Vielmehr ist damit zu rechnen, dass Gott unserem Team die Gaben mitgegeben hat, die es für unser Feiern braucht.

■ Gefeiert wird „Immanuel", der „Gott mit uns". Zweckfrei und heilsam. Dieser inneren Ausrichtung nach müsste man die Stühle im Kreis und nicht in Reihen stellen, denn die Reihen fördern eher Hierarchien und eine religiös-kopforientierte Unterweisung.

 Übung: Wo und wie höre ich die Rede vom „einen Gottesdienst"? Welche Motive und Interessen bestimmen diese Diskussion?

Gottesdienst wird einfach anders, wo wir das, was ihn ausmacht, beherzigen und Christus glauben, dass er kommt, wie er uns zugesagt hat, und selbst unter uns wirkt. Auch wenn wir augenscheinlich verantwortlich sind und agieren, so sind wir letztlich immer noch Empfangende und Beschenkte.

2 | „Nimm wahr!"

Ein kleiner Persönlichkeitstest

Gottesdienst wird einfach anders, wenn wir vor den Spiegel treten und einen ehrlichen Blick hineinwerfen. Es geht darum, nicht unser falsches, sondern „wahres Selbst" (Thomas Merton) in den Blick zu bekommen. Nicht wofür wir uns halten oder wer wir gern sein würden, zählt hier, sondern allein, wer wir wirklich sind. Dieses Ich ist der Mensch, den Gott ansieht und unendlich liebt. Diesen liebenden Blick Gottes auf mein Ich mit all seinen Fragwürdigkeiten zu meinem Blick auf mich selbst werden zu lassen, ist eine Lebensaufgabe. Gern nehmen wir auch hier die Abkürzung und werden blind gegenüber den eigenen Gaben und Grenzen. Die Querelen in Kirchengemeinderäten, Gottesdienstteams oder die Langweiligkeit unseres Feierns bezeugen die Risiken und Nebenwirkungen dieser Blindheit. Wo aber Menschen ihre Persönlichkeit mit Sonnen- und Schattenseiten kennen und lieben, da steigt die Kommunikations- und Teamfähigkeit – und das Feiern selbst kann zum Abenteuer werden.

2.1 Menschentypen – Kräfte in uns

Psychologie und andere Erkenntnisweisen versorgen uns – mehr oder minder wissenschaftlich – mit allerlei typensensiblen Quadrantenmodellen, mit denen wir uns als Person im psychologischen, sozialen oder liturgischen Raum besser verorten und uns zu Anderen und Anderem klarer in Beziehung setzen können. Das macht „Betroffenen" mit einem Schlag klar, dass sie nicht der Nabel der Welt und der Weisheit letzter Schluss sind, sondern dass es neben ihnen noch andere gibt. Dies fördert die – auch gottesdienstlich nicht irrelevante – Einsicht: Man könnte es so machen ... – oder aber auch ganz anders.

Bekannte psychologische Modelle diesbezüglich sind etwa das ältere Riemann'sche oder das neuere DISG-Modell. Das folgende orientiert sich an solchen Typenmodellen, färbt sie aber religiös ein.

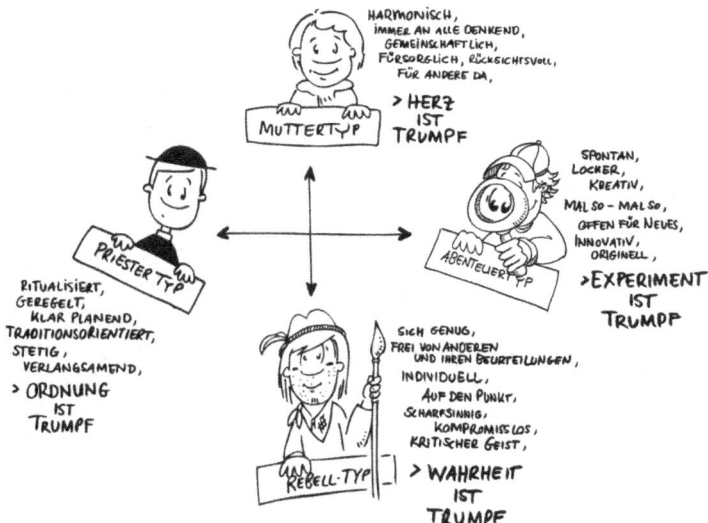

Übung: Welchen Polen würdest du diese biblischen Hauptakteure zuordnen? (Unabhängig davon, was du wirklich von ihnen weißt.) Petrus, Paulus, Maria, Johannes der Täufer, Maria von Magdala, Johannes der Lieblingsjünger, Mose, David

Die Gefahren solcher Typenmodelle liegen auf der Hand: Menschen werden festgenagelt bzw. in Schubladen eingeordnet. Nicht nur andere durch mich, auch ich selbst nagle mich in bestimmter Weise fest. Der Blick auf die Vielseitigkeit einer Person wird verbaut, auch auf ihr vom jeweiligen Kontext abhängiges variantenreiches Verhaltensrepertoire. Kurz: Man kann blind für die jeweilige Einzigartigkeit werden. Mitunter wird dann gewertet: Welcher Typ ist der wichtigere, bessere?

Den Gefahren ins Gesicht geschaut, können uns solche Typenmodelle aber helfen, die in uns schwingenden Grundkräfte schärfer zu sehen. Wir sind dann nicht dieser oder jener Pol, aber: Wir nehmen deutlich anziehende Kräfte in diese oder jene bestimmte Richtung wahr. So können wir uns selbst und andere besser verstehen und anerkennen – denn alle Kräfte werden sowohl allgemein im Leben als auch im Besonderen fürs Gottesdienst-Feiern gebraucht und sind wertvoll, ja gleichwertig.

Diese Kräfte prägen unsere ganze Persönlichkeit: wie wir kommunizieren, wie wir Menschen begegnen, was wir wertschätzen, was uns Mühe macht, wie wir Probleme angehen. Auch, welche Rolle wir wie in unserem Gottesdienstteam oder im Gottesdienst einnehmen, wie wir uns einen „guten Gottesdienst" vorstellen – und welche Formen uns Mühe machen. Ebenso rühren etliche Spannungen in unseren zwischenmenschlichen Beziehungen aus diesem unterschiedlichen „Kräfte-Setting" zwischen uns. (Das Ganze ist natürlich noch viel komplexer. Wir sollten bei der Betrachtung solcher Typenmodelle nie meinen, dass wir es jetzt begriffen, sondern vielmehr, dass wir „eine konkretere Ahnung" bekommen haben.)

Übung: Schau nochmals auf die obige Grafik: Welche Kräfte wirken in dir, welche Kräfte manifestieren sich auf welche Weise beim Feiern eurer Gottesdienste? Durch welche Personen? Gibt es Spannungen, die sich mit dieser „Kräfte-Karte" besser wahrnehmen und verstehen lassen?

2.2 Gaben als Aufgaben

Die kleine Kräfte-Karte für den Persönlichkeitstest fordert uns heraus – zum Reifen: Nicht ich bin das Maß aller Dinge, sondern die friedvolle respektvolle Balance zwischen den Kräften bzw. Persönlichkeiten.

Ich werde bestimmte Kräfte in mein Gottesdienstengagement einbringen können und wollen – andere weniger.
Ich werde für bestimmte Kräfte des Gottesdienst-Feierns ansprechbar und empfänglich sein – für andere weniger.
Ich werde für bestimmte Kräfte bei Problemlösungen offen sein – für andere weniger.

Wenn ich dies nicht durchschaue, werde ich meine Anliegen immer verallgemeinern und als die eigentlich wichtigen unbewusst oder bewusst höher bewerten. Dies verhindert Ausgewogenheit, Balance, Frieden – und nicht zuletzt dann auch Segen.

Dahinter steht, dass die uns von Gott gegebenen Gaben immer auch zugleich Aufgaben sind: In allem, was in dir liegt, wo dein Herz schwingt und wo du starke Fähigkeiten besitzt, sitzt auch die Versuchung: Du kannst brillant reden – sieh dich vor, dass du andere dadurch nicht stumm werden lässt. Du kannst gut musizieren – sieh dich vor, dass andere deshalb nicht mehr zum Instrument greifen. Du hast tolle geistliche und biblische Erkenntnisse – sieh dich vor, dass du dies nicht schon für die ganze Wahrheit hältst und den Christus im Bruder, in der Schwester ausschaltest.

 Übung: Welche meiner persönlichen Gaben erfreuen mich und bringe ich gern ins Gottesdienst-Feiern ein? Welche Aufgaben bergen sie, nach welcher Verantwortung fragen sie?

2.3 Meine gottesdienstliche Berufung entdecken

Wer bin ich und was kann ich eigentlich? – Das sind Fragen, die sich uns in unserem Menschenleben immer wieder stellen. Das hat keine/ keiner ein für alle Mal in der Tasche. Eine festschreibende Definition wäre auch lebensgefährlich, weil sie unsere weitere Entwicklung und unser weiteres Lernen blockieren würde. Stillstand auf allen Ebenen. Die Orientierung an Typenmodellen öffnet hilfreiche Türen zu Antworten auf diese Fragen.

Die Suche nach der eigenen Berufung ist mit diesen eng verwandt, spitzt sie aber für unser Leben mit Gott zu: Was ist mein spezifischer unverwechselbarer Beitrag für das Reich Gottes? Kurz: Was ist „mein Ding"? Wofür schlägt mein Herz? Dass sich dies lebensgeschichtlich immer wieder mal ändern kann, ja, vielleicht sogar muss, soll nur am Rande erwähnt sein. Jedenfalls zeigt sich das Berufungsgeschehen dynamisch, und der Geist Gottes kann immer wieder andere Schwerpunkte im Laufe eines Lebens setzen. Dies tut er in der Regel nicht additiv – wie so oft in der Gemeindearbeit – nach dem Motto „Immer noch eins drauf!", sondern sukzessiv. Beispiel Mose: Als dieser zum Befreier Israels berufen wurde, hat er seine Brötchen nicht länger als Hirte verdient. Sogar die Familie musste er zurücklassen. Die Rückseite einer neuen konkreten Berufung hat stets mit Loslassen des bisher Geltenden zu tun.

Gegenüber den Grundberufungen aller Menschen zu Liebe, Barmherzigkeit, Gebet, Zeugnisgabe und Dasein für andere führt die spezifische persönliche Berufung zu ganz konkreten Gestaltungsschwerpunkten in den Handlungsfeldern des Reiches Gottes wie Gemeinde- und Jugendarbeit, Diakonie, Gesellschaft und Mission. „Dafür schlägt mein Herz!" Dabei sollte, laut Luther, der eigene profane Beruf immer mitgewürdigt werden. Das nimmt Druck aus dem „Berufungs-Kessel" und schenkt Sicherheit.

In der Regel knüpft die spezifische Gestaltung meiner Berufung an Gaben und Interessen an, die mir verliehen, mitunter auch von mir vergessen oder stiefmütterlich behandelt wurden.

Übung: Wie steht es um meine gottesdienstliche Berufung? Führen mich meine persönlichen Gaben, Stärken, Interessen auf dieses Praxisfeld und, wenn ja, wie? Die folgende Auflistung (inspiriert von: Vopel, Klaus W.: Interaktionsspiele für Jugendliche Band 2, Iskopress, Salzhausen [8]2003, S.104 ff.) kann dazu beitragen, die eigene gottesdienstliche Berufung zu entdecken und zu schärfen.

	Ranking bei mir	1	2	3	4	5	6	Total
analytisch-logisches Denken								
Beobachtungsgabe / gutes Auge								
Ehrgeiz								
Entschlossenheit								
Fröhlichkeit								
Führungsaufgaben übernehmen können								
Geduld								
Genauigkeit								
grafisch-mediale Fertigkeiten								
Hilfsbereitschaft								

digitales Know-how								
körperliche Kraft / Fitness								
Kooperationsfähigkeit								
Kreativität								
künstlerische Kompetenz								
manuelle Geschicklichkeit								
naturwissenschaftlich-technisches Verständnis								
Neugier								
Risikobereitschaft								
Selbstbeherrschung								
Selbstvertrauen								
Verantwortlichkeit								
verbale Ausdrucksfähigkeit								
Vertrauen können in andere / Raumgabe								
zuhören können								

1. Welche Stärken sehe ich bei mir und wie würde ich sie bewerten? Priorisiere in der Spalte „Ranking" und gib der wichtigsten Stärke eine 1, die 2 für die zweitwichtigste usw.
2. Suche sechs ganz erfreuliche Erfahrungen (Erfolge, Highlights) aus den letzten Jahren deines Lebens und skizziere sie kurz in Stichworten: Was hast du dabei genau erlebt und getan? Und mit welchem Ergebnis?
3. Welche Qualitäten waren für diese Erfolge ausschlaggebend? Kreuze in den Spalten 1-6 für jedes der Erlebnisse die jeweiligen Fähigkeiten an, die von dir dabei eingebracht wurden.
4. Wie oft wurde diese spezifische Qualität von dir gebraucht? Trage die jeweilige Zeilensumme in die Spalte „total" ein. In welchem Verhältnis stehen deine „Ranking"-Angaben zu den jetzigen „Total"-Angaben?
5. Wie sieht der „Kernbereich deiner persönlichen Stärken", die zu deinem tatsächlichen Glück beitragen, demnach aus?
6. Kannst/willst du deine Stärken in das gottesdienstliche Feiern bewusster hineintragen? Auf welche konkreten Interessen- und Gestaltungsfelder führen sie dich? Welche Aspekte des Feierns willst du wie verstärken? Braucht es dazu andere Formate, Medien, Räume, Zeiten, Kooperationen?

Gottesdienst wird einfach anders, wenn aus dem Blick in den Spiegel Kraft und Selbstwirksamkeit gewonnen, Demut und Selbstbegrenzung geübt, Vielfalt und Freiraum kultiviert wird. Wir werden dadurch auf einer tieferen Ebene sensibilisiert und können bewusst Gestaltungsräume eröffnen, auch wenn deren Ergebnisse nicht unseren eigenen Geschmack treffen. Und Gottesdienst wird einfach anders, wenn ich mich mit meiner Persönlichkeit, meinen spezifischen Gaben, Fähigkeiten und Interessen nicht verstecken muss, sondern sie frei einbringen darf – damit Gott schön werde.

3 | „Spiel ab!"

Auf das Team kommt es an

Gottesdienst wird einfach anders, wenn er von einer gelingenden Teamarbeit getragen ist. Nicht ein Kopf entscheidet, wie gefeiert wird, sondern viele. Das bewirkt gottesdienstlichen Reichtum. Was sind die entscheidenden Faktoren für ein solches Team?

3.1 Team-Typen und -Rollen

Typenmodelle sind Persönlichkeitsprofile (siehe Kapitel 2.1), mit denen man die in einer Person schwingenden Grundkräfte schärfer fassen kann. Es wurde dabei schon angedeutet, dass sich dies natürlich auch bei jeglicher Form von Teamarbeit bemerkbar macht. Während wir in Kapitel 2 in Bezug auf die einzelne Persönlichkeit ein religiös eingefärbtes Modell kennengelernt haben, greifen wir in Bezug auf das Team-Zusammenspiel auf das bekannte DISG-Modell zurück.

Das DISG-Modell beschreibt vier Persönlichkeiten in ihren Grundkräften und Denkstilen:

D: dominant – „Macher-Typ"
Zeigt sich zielorientiert mit einer großen Portion Entschlossenheit. Will nach vorne, weiterkommen, die Dinge anpacken und „machen". Energisch, mutig, risikobereit. Ist dabei überzeugt, wirklich was drauf

zu haben (Selbstvertrauen). Er kennt den Plan (gelegentlich meint er auch nur, ihn zu kennen) und denkt strategisch in die Zukunft.

I: initiativ – „Botschafter-Typ"

Ein echter Brückenbauer, „Socializer" nach innen und vor allem nach außen. Stellt schnell Kontakt her und sorgt für gute Stimmung und Kommunikation. Gesprächig, gesellig, flexibel, spontan. Begeisterungsfähig und begeisternd. Das inspiriert und motiviert! Immer wieder überraschend. Er ist kontaktstark und denkt grundsätzlich mehr in Beziehungen.

S: stetig – „Moderator-Typ"

Fast mütterlich hat er das Team und dessen Chemie im Blick. Stark in der Einfühlung. Aufmerksam, ausgleichend, rücksichtsvoll, wertschätzend. Selbstlos stellt er eigene Interessen für die gemeinsamen Ziele des Teams hinten an. Er wirkt nach innen integrierend und denkt ebenfalls beziehungsorientiert, aber nach innen zum Team hin.

G: gewissenhaft – „Experten-Typ"

Er kennt die Dinge und Problemfelder und weiß Bescheid. Agiert durchdacht und kompetent. Er bedenkt die Details, geht der Sache auf den Grund und hinterfragt auch kritisch. Denn: Die Dinge müssen gut ausgearbeitet sein. Gründlich, vorsichtig, genau. Zeigt sich solide und denkt logisch-klärend die Sachen zu Ende.

Das DISG-Modell ist durchaus noch komplexer. Wichtig für eine gelingende Gottesdienst-Teamarbeit ist, inwiefern die Teammitglieder um ihre Unterschiedlichkeit wissen und diese auch wirklich anerkennen und wertschätzen. Inwiefern also das Zusammenspiel von unterschiedlichsten Typen konstruktiv gestaltet wird. Es muss allen deutlich sein: Alle vier Typen werden gebraucht und sind an sich gleichwertig, wenngleich für einzelne Wegstrecken des Teams gewisse Typen für den jetzt geforderten Prozess größere Wichtigkeit haben können. Wenn nicht alle Kräfte vorhanden sind und respektiert werden, sind Teams in Gefahr, „Schlagseite" zu bekommen und unbewusst in kreativitätshemmende Fallen zu treten ...

Übung: Inwiefern sind die verschiedenen Team-Typen in unserem Gottesdienstteam vorhanden? Fehlt uns ein Typ? Wer in unserem Team hat welche Begabung, und wie leicht oder schwer fällt mir die jeweilige Wertschätzung? Lassen sich Konflikte unter uns mit den aufgezeigten Team-Typen besser verstehen? Welche Schattenseiten verbergen sich auch hinter diesen Fähigkeiten? (siehe Kapitel 2.2)

Den Team-Typen korrespondieren verschiedene Rollen im Team. Es lohnt sich hier, einen Blick darauf zu werfen: Wer zeigt sich als Ideengeber, als Star, als „Mutter", als Leiter, als Mitläufer, als Schaffer, als Kritiker usw.?

Übung: Welche Rollen haben die unterschiedlichen Team-Typen bei uns im Team? Finde weitere Begriffe.

3.2 Ressourcenorientierung

Wer ständig mehr abgibt oder verbraucht, als er hat, sitzt irgendwann auf dem Trockenen. Die gottesdienstliche Praxis kennt konkrete Felder, die Arbeit machen und somit nach Energie – und damit auch Ressourcen – fragen.

3.2.1 Gottesdienstliche Praxisfelder

Folgende Auflistung macht deutlich, was es zum Feiern mehr oder minder braucht. Es braucht Menschen und Kräfte für ...

Boden-Arbeiten: Teamkoordination, Komposition einzelner Feiern: spirituelle Ausarbeitung, praktische Absprachen, Mitarbeitende gewinnen, Mitarbeitende begleiten, Seelsorge, Konzept reflektieren, Evaluation, Außenkontakte, Repräsentation z. B. gegenüber Gemeindeverantwortlichen

Wort-Arbeiten: beten, lesen, erzählen, moderieren, predigen

Leib-Arbeiten: begrüßen, Geschenke besorgen und überreichen, basteln, kaufen, Deko und Raumgestaltung, Gebetsaktionen vorbereiten, Catering, Umgang mit Geld

Musik: Instrumentierung entscheiden, Lieder begleiten, Liederfolien aufbereiten, vielleicht Lobpreis gestalten

Darstellende Kunst: Theaterszenen ausarbeiten, malen, weitere kreative Beiträge wie Tanz usw.

Technik: Sound, Anlage, Licht, Laptop, Beamer, Leinwand, Filmszenen einspielen, „hausmeistern": Schlüssel-Gewalt, Sitzordnungen, Ordnung, Sauberkeit

Öffentlichkeitsarbeit: Kontaktarbeit, Werbung, grafische Arbeit, journalistische Arbeit, Social Media, Absprachen

Wohlgemerkt: Das muss nicht alles abgedeckt sein, manches wiederum ist unverzichtbar. Der Grundsatz des Glaubens (und dieses Buches) lautet: „Gott gibt uns das, was wir brauchen, sodass gilt: die vorhandenen Gaben und Ressourcen geben den Konzept-Ton an!" Dann erfahren wir auch, dass selbst Aufgaben zu Energiequellen für uns werden und nicht nur Energie kosten! Wir müssen uns nicht an idealtypischen Vorstellungen bzw. eigenen oder vermuteten Erwartungen abarbeiten, die nur unter Druck setzen. Das schließt andererseits nicht aus, dass weitere Entwicklungsmöglichkeiten von uns zu entdecken sind.

 Übung: In welchen Bereichen sind wir stark? Wo genau drückt uns wie der Schuh? Erstelle eine Plus-/Minus-Liste und bewerte diese Punkte nach ihrer Bedeutung für euer Gottesdienstkonzept.

3.2.2 Team – balanciert und nachhaltig

Manchmal müssen wir nur den Blick schärfen und weiten – und entdecken, welche weiteren Ressourcen unter uns bzw. in unserem Umfeld sind. Der Ressourcenbegriff ist weit zu fassen, hat weit mehr im Blick als nur die finanziellen Aspekte. Wenn wir die möglichen Stärken eines Menschen oder eines Teams (oder unserer Gemeinde) personal, sozial, ökonomisch und ökologisch betrachten, kommt nicht selten eine Perspektive des Reichtums zustande. Im Download zum Buch kannst du eine in dieser Weise differenzierte Aufstellung finden.

Mit dieser Perspektive des Reichtums treten auf einmal Konfirmanden und ihre Eltern, der Sport- oder Musikverein oder die Senioren unserer Gemeinde als soziale Ressourcen in den Blick. Kann man dann nicht solche Kontakte nutzen und durch direkte Anfrage für ein punktuelles oder befristetes Engagement gewinnen?

Neben einem wachen Ressourcenbewusstsein spielen für eine nachhaltige Team-Balance folgende Überlegungen eine wichtige Rolle:

1. abwägen
- arbeiten und feiern
- Planung und Feedback
- eigene geistliche Versorgungs-Quellen und Quelle-Sein für andere
- Herausforderung und Überforderung
- Stärken und Defizite

2. den Energiezufluss verbessern
- Mitarbeitende gewinnen bzw. behalten (projektweise und befristet, punktuell für konkrete Anlässe)
- Aufgaben delegieren (z. B. Give-away an Gebetsstationen basteln lassen)
- Catering (z. B. durch Senioren oder Pizzadienst)
- Kooperationen eingehen (z. B. Gastprediger, Musikschule, Vereine)

3. die Energiekosten senken
- Abläufe optimieren (Kommunikationswege verschlanken, Know-how aus Literatur)
- Konzentration (z. B. Orientierung am Kirchenjahr, Rhythmus: saisonal oder in Staffeln)
- Erwartungen klären (Ziele klären, Gottesdienstformat stets abgleichen, überhöhte Erwartungen erden)
- General-Ziele klären (Welche Rolle spielt unser Gottesdienst-Feiern für diese? Gibt es für sie andere, bessere Medien/Formen?)

Grundsätzlich gilt für eine nachhaltige Team-Balance: Wir können nur das leisten, wofür wir auch Kräfte haben. Und wir können es auf Dauer nur leisten, wenn die einzelnen Kräfte ihrerseits auch wieder Pflege erhalten und nicht auslaugen. Wenn Menschen als Team ein gottesdienstliches Angebot, eine geistliche Quelle für andere gestalten, ist stets auch die Frage dringlich, wo sie eine geistliche Quelle für sich selbst erfahren.

3.3 Zielorientierung

3.3.1 Zielbewusstsein

Gottesdienstfeiern sind regelmäßig wiederkehrende Veranstaltungen. Was regelmäßig wiederkehrt, schleift sich ein. Es ergeben sich Traditionen, Kulturen. Auch Routine. Die Gefahr liegt auf der Hand: Es wird nicht mehr nachgefragt, hinterfragt: Warum machen wir das so, wie wir es machen? Passt das überhaupt noch? Viel Energie wird verschleudert, weil Teams eine nur ungenügende Feedback- und Zielkultur haben. Wer sich nicht mehr um Ziele kümmert bzw. diese vergessen hat, stochert blind im Nebel umher – was wiederum weitere Ressourcen verbraucht und die Motivation sinken lässt.

   Übung: Benenne die konkreten Ziele eures Feierns im laufenden Jahr in vollständigen Sätzen!

Regelmäßige „Bilanz und Ausblick"-Sitzungen tun gut und sind notwendig. Denn ein Zielbewusstsein gepaart mit einer gesunden Feedbackkultur ...

- gibt unseren Mühen eine Richtung und eine positive Dynamik.
- fokussiert unsere Kräfte – und wir engagieren uns entschlossener.
- hilft uns, unser Engagement zu beurteilen.
- ermöglicht es uns und unsere Arbeit zu entwickeln und stets an aktuelle Erfordernisse anzupassen.
- sensibilisiert uns, auf uns selbst zu achten und mit unseren Ressourcen nachhaltig umzugehen.

Zielorientierung geschieht weit weniger in einer ökonomischen Dimension. Eine elementare geistliche Dimension steht im Vordergrund:

- Wie wollen wir dankbare Menschen sein?
  Zielbewusstsein und Arbeiten mit Zielen hilft uns, unsere Wege nochmals nachzugehen, zu würdigen, Gott zu danken.

- Wie wollen wir Lernende bleiben und unsere Berufung erneuern?
  Zielbewusstsein und Arbeiten mit Zielen hilft uns, notwendige

Entwicklungen und Veränderungen zu entdecken und ins Licht Gottes zu stellen.

- Wie wollen wir vorbildliche Menschen sein?
Zielbewusstsein undArbeiten mit Zielen hilft uns, auf uns selbst und unseren Energiehaushalt zu achten (und damit auch auf unseren inneren Menschen).

3.3.2 Unterwegs zu aktuellen Zielen

Wie können wir sinnvolle Ziele finden? Hier folgt ein Leitfaden für dich und das Team, der euch direkt zu konkreten Zielformulierungen führen und eure Arbeit aktualisieren kann.

Plus-Minus-Liste in wichtigen Themen-Bereichen erstellen

Was klappt oder wo hakt es noch z. B. in Bezug auf ...
- die eigenen Rollen, Begabungen und Interessen?
- unsere Teamarbeit und -kommunikation?
- die Organisation unseres Gottesdienst-Feierns mit seinen konkreten Praxisfeldern (siehe Kapitel 3.2.1)?
- die Resonanz auf unsere Gottesdienste hinsichtlich Erleben, Stimmung und Besucher-Zahlen?

Gewichten einzelner Aspekte

Folgende Fragen können helfen, diese Aspekte zu gewichten:
- Was nehmen wir jetzt, in der kommenden Zeit in Angriff?
- Was muss sich ändern?
- Wovon wollen wir mehr?
- Was müssen wir akzeptieren lernen?
- Was kann (muss) warten?
- Welche Sehnsüchte schlummern in mir, in uns: Was würden wir bereuen, wenn wir es am Ende nicht erlebt hätten?

Gerade wenn bei Fragestellungen unterschiedliche Aspekte genannt wurden, kann die Vergabe von Noten (oder Klebepunkten usw.) zu einem priorisierenden Ranking verhelfen. Intention dieses Fragenhorizonts ist, dass ihr dringliche Zielaspekte herausfindet und wahrnehmt.

Ziele fixieren, konkretisieren und gegenwärtig halten

1. Die wichtigsten Ziele formulieren

Nun gilt es, die wahrgenommenen Zielaspekte zu fixieren bzw. zu formulieren. Dies kann SMART geschehen:

- **s**pezifisch (konkret)
- **m**essbar
- **a**ttraktiv-positiv
- **r**ealistisch
- **t**erminiert (zeitlich bestimmt)

Beispiel-Formulierung: „Am Ende des Jahres haben wir zwei neue Musiker für die Band gefunden."

Achtet darauf, dass ihr euch nicht zu viel vornehmt. Es brauchen nicht viele Zielsätze sein. Damit ist die Zielarbeit aber noch nicht am Ende. Weitere Reflexionsrunden sind wichtig, um die nun formulierten Ziele zu konkretisieren.

2. Das Kräftefeld mitbedenken: natürliche Rücken- und Gegenwinde

Äußerst wichtig ist es, dass ihr nun zu den von euch formulierten Zielen jeweils natürliche Kräfte und Gegenkräfte entdeckt und wahrnehmt:

- Was oder wer spielt uns zu, bringt Rückenwind und stärkt uns?
- Was oder wer ist diesem Vorhaben abträglich, bringt Gegenwind und wird uns womöglich ausbremsen?

Dieses anschauliche Kräftefeld könnte euch dabei unterstützen:

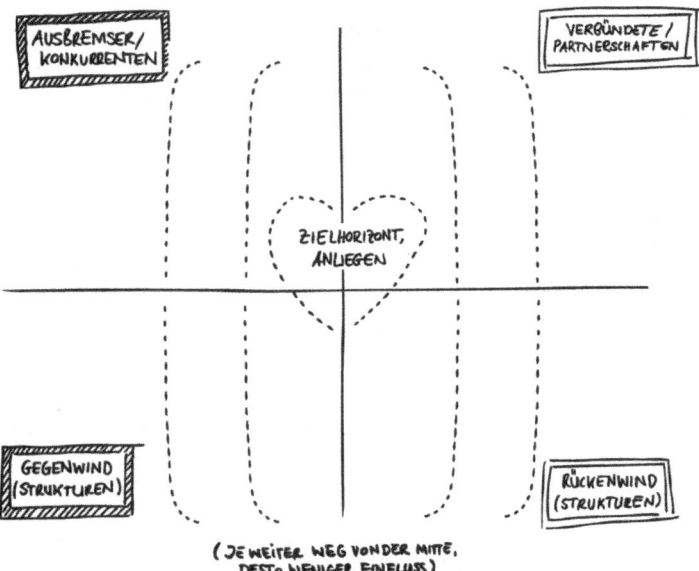

(JE WEITER WEG VON DER MITTE,
DESTO WENIGER EINFLUSS)

3. Zielbewusstsein kultivieren

Fast am Ziel. Entscheidend ist nun, dass eure aktuellen Ziele auch im Bewusstsein bleiben – z. B. dadurch, dass sie ...

■ auf Team-Einladungen erwähnt werden.

■ als Poster, Tischdecke (als visualisierte „Grundlage" eures Arbeitens) bei Team-Treffen anschaulich sind.

Oder durch folgende Aktion: Am Ende des Bilanztreffens schreibt jeder/jede für sich ein kleines Briefchen, wie er /sie die Ziele persönlich kommentiert und beurteilt, und auch, wie diese zu Gott in Beziehung stehen: Wie beurteilt Gott wohl unsere Ziele?
Dieser Brief wird rechtzeitig vor dem nächsten Jahres-Bilanz-Treffen (oder zu einer kleinen Halbjahres-Bilanz) als persönliche Vorbe-

reitung von einem Verantwortlichen / einer Verantwortlichen den anderen zugestellt und kann beim Treffen dann als Einstieg dienen: Was ist daraus geworden? Warum?

Solche Zielüberlegungen können kultiviert und jährlich begangen werden. Dieser Zeitraum passt in der Regel recht gut.

3.4 Selbst- und Teamhygiene

Ein Team besteht aus Menschen, nicht aus Robotern, die nur funktionieren müssen. Darum gehört zu einer gelingenden und inspirierenden Teamarbeit auch ein gemeinschaftlicher Weg; Orte, die Offenheit und Vertrauen ermöglichen, sodass die Chemie zwischen den Mitgliedern stimmt und Energie zufließt. Ein paar Fragen können hierfür sensibilisieren: Wo und wie können dein Team und du seelisch aufatmen? Welche Formen habt ihr dabei für euch als gut entdeckt? Was lasst ihr euch das (zeitlich) kosten?

Im Downdload zum Buch findest du unter dem Begriff „Teamhygiene" eine weitere aus anderen Beratungskontexten abgewandelte hilfreiche Methode.

Gottesdienst wird einfach anders, wenn hinter ihm eine Teamarbeit steckt, bei der Menschen ihre personalen Stärken und Schwächen kennen und sich aufeinander angewiesen wissen, die sich ressourcen- und zielorientiert zeigt sowie eine Kultur der anteilnehmenden Achtsamkeit lebt. Sie ist ein Juwel: Sie führt unweigerlich zu einer größeren Freude am und im Team und zu einem Plus an Inspiration und Motivation fürs gottesdienstliche Arbeiten und Feiern.

4 | „Sieh fern!"

Feiernde sind so anders

Gottesdienst wird einfach anders, wenn wir unvoreingenommen wahrnehmen und verstehen, was Menschen heute bewegt, was sie interessiert, welche Werte und Träume sie haben, kurz: wie ihr Herz schlägt. Geschieht unser Gottesdienst-Feiern lebensweltbezogen, dann gewinnt es auch an Alltagsnähe, Verständlichkeit und Farbigkeit. Wir selbst werden freier, das Feiern mit unseren spezifischen Interessen und lebensweltlichen Bezügen aktiv mitzugestalten – ohne Angst, liturgisch etwas falsch zu machen, das sich nicht gehört.

Nicht nur die Menschen um uns herum ticken sehr unterschiedlich, auch die in unseren Gemeinden und in unseren Gottesdienstteams. Aber tragen wir dem Rechnung? Geben wir bewusst Freiräume für diese Vielfalt? Diese Buntheit wird nicht selten an der Kirchentür herausgefiltert und langweilige generalisierende Standards dominieren die Liturgie. Kritische Stimmen verhindern selbst kleinste Innovationen und Überraschungen: „Das gehört sich nicht. Dieses hat im Gottesdienst nichts zu suchen. Jenes beunruhigt die Gemeinde." Das Ergebnis ist ernüchternd, vorhersehbar, öfters auch unverständlich.

4.1 Feel the difference: lebensweltliche Expeditionen

Wenn wir Menschen bewegen wollen, müssen wir zunächst verstehen und unterscheiden lernen. Zumal sich unsere Welt heute recht bunt zeigt: Milieustudien, die gesellschaftliche Großgruppen und deren voneinander abweichenden Lebenskulturen portraitieren, sind populär. Besonders bekannt und bildreich sind die des Heidelberger Sinus-Instituts, ein unabhängiges Unternehmen am Wissenschaftsmarkt. Falsch verstanden, führen die Milieu-Einsichten zu einem starren Schubladen-Denken (siehe Kapitel 2.1). Richtig verstanden, ist die „Milieubrille" eine starke Sehhilfe und lässt uns die Lebenskulturen der Hörenden als auch unsere eigene schärfer in den Blick bekommen. Im Download zum Buch findest du knappe tabellarische Aufstellungen von Sinus-Jugend- und Erwachsenenwelten – und auf was es ihnen gerade in Bezug auf Glauben und Kirche ankommt.

Wir vereinfachen die komplexen Milieu-Modelle von und neben Sinus und strecken den Kopf: nach Westen, Norden, Süden, Osten.

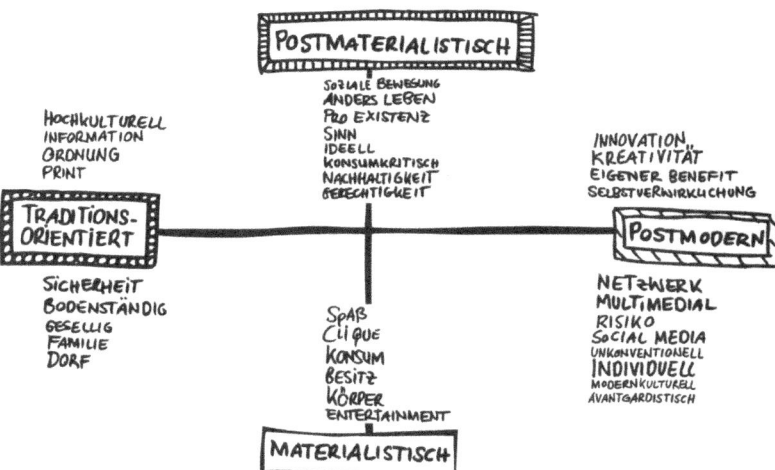

Praxisnah bildet diese „elementare Kulturen-Karte" vier Pole ab – wie Himmelsrichtungen. An den Enden erzählen die begrifflichen Aufzählungen, welche Motive dort „treiben".

Wie folgende Abbildung deutlich macht, kannst du diese elementare Kulturen-Karte für Expeditionen nutzen:

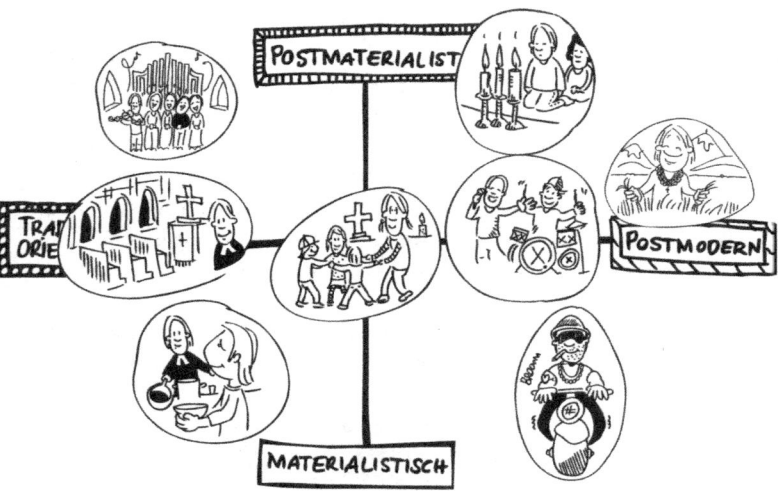

Bei diesem Beispiel sind Gottesdienstformate auf der „Landkarte des sozialen Raums" verortet. Die Bilder lassen dich inhalieren, wie der lebensweltlich-liturgische Wind jeweils bläst. Es handelt sich um „Duftnoten" – die kriegt man grundsätzlich nicht in Schubladen unter. Mit der Atmosphäre unterscheiden sich nicht selten auch die Rhythmen, Zeiten und Orte dieser Gottesdienstfeiern.

Mit der elementaren Kulturen-Karte können wir auch unsere Themen, (Print-)Werbung und deren Gestaltung, Räume, Mitarbeitende, Arbeitsweisen und Musikstile lebensweltsensibel verorten und bekommen damit ein Gespür für ihre Duftnoten – die Reichweite und Erreichbarkeit bzw. Begrenztheit unserer eigenen Feier-Art für andere.

4.2 „Spieglein, Spieglein ..."

Die hier gewonnenen Einsichten und Entdeckungen müssen in uns einsickern, damit sie zu einer relevanten verändernden Kraft für unser Feiern werden. Daher nun ein paar praktische Übungen, die den Blick auf uns selbst und unser Feiern schärfen. Nimm dir die Zeit zum lebensweltsensiblen Lauschen!

 Übung 1: Schau mal in den Spiegel der in Kapitel 4.1 vorgestellten Kulturen-Karte bzw. der Milieuauflistung. In welchen Regionen bzw. Tabellen-Zeilen fühlst du dich am ehesten zuhause?

Anschließend frage dich weiter:
- Wo vermute ich Menschen, mit denen ich nicht so gut kann? Ist dies mit der Kulturen-Karte präziser zu entdecken, weil diese andere Person ganz woanders lokalisiert ist?
- Entdecke ich bei mir Berührungsängste oder Unlust-Gefühle gegenüber Fremden?
- Was könnte ich bei mir fremden Typen und Kulturen dennoch wertschätzen?

 Übung 2: Nun zum Gottesdienst-Feiern. Auch hierfür erhältst du mit der folgenden Grafik eine Landkarte, die dir ja inzwischen vertraut ist.

Kreuze alle Bausteine an, die euer Feiern entscheidend prägen bzw. eine zentrale Rolle dafür spielen. In welchem Bereich der Karte finden sich die meisten Kreuze? Welcher Pol liegt diesem Schwerpunkt am nächsten?

Vergleiche mit der elementaren Kulturen-Karte und ihren Polbeschreibungen. Was fällt dir auf? Wie offen und erreichbar stellt sich eure Feier-Kultur dar?

Halten wir am Ende knapp und klar fest: Gottesdienst wird einfach anders, wenn wir ihn lebensweltsensibel betrachten, gestalten, feiern.

EXPERIMENTELLES

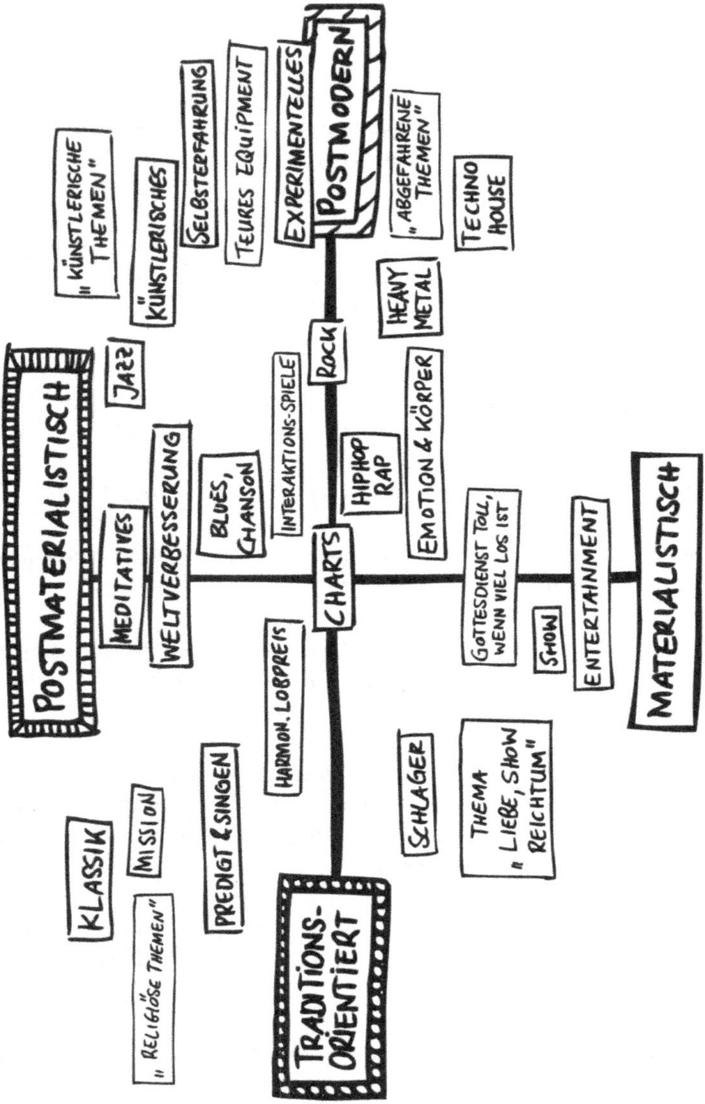

POSTMODERN

KÜNSTLERISCHE THEMEN"

„KÜNSTLERISCHES"

SELBSTERFAHRUNG

TEURES EQUIPMENT

"ABGEFAHRENE THEMEN"

TECHNO HOUSE

HEAVY METAL

JAZZ

ROCK

INTERAKTIONS-SPIELE

POSTMATERIALISTISCH

BLUES, CHANSON

HIPHOP RAP

EMOTION & KÖRPER

MEDITATIVES

WELTVERBESSERUNG

CHARTS

GOTTESDIENST TOLL, WENN VIEL LOS IST

SHOW

ENTERTAINMENT

MATERIALISTISCH

HARMON. LOBPREIS

PREDIGT & SINGEN

KLASSIK

MISSION

"RELIGIÖSE THEMEN"

SCHLAGER

THEMA "LIEBE, SHOW REICHTUM"

TRADITIONS-ORIENTIERT

5 | „Staune los!"

Alles spricht

Gottesdienst wird einfach anders, wenn wir verstehen, vernehmen und glauben, dass Gott selbst in aller kirchlichen Verkündigung mehr als ein Wörtchen mitspricht und die entscheidenden Töne setzt. Sie ist gerade nicht nur ein monologes Geschehen zwischen Kanzel und Bankreihen, zwischen einem Vordenker, einer Vordenkerin und vielen Zuhörerinnen und Zuhörern. Verkündigung ist ein polyphones Konzert.

5.1 Klangvolle Verkündigung: Gottes Symphonie

5.1.1 Verkündigung: mehr als gute Worte ...

Verkündigung ist Dreh- und Angelpunkt in der Gemeinde- und Jugendarbeit. Evangelische Ohren identifizieren dieses Verkündigen schnurstracks mit dem Predigen bzw. der Kanzelpredigt.

Doch Verkündigung ist ein viel breiterer Kommunikationsprozess (was das Gottesdienst-Feiern wiederum nicht gleich predigtlos macht): „Von Anfang an gab es den, der das Wort ist. Er, das Wort, gehörte zu Gott. Und er, das Wort, war Gott in allem gleich. Durch dieses Wort wurde alles geschaffen. Und nichts, das geschaffen ist, ist ohne dieses Wort entstanden" (Joh 1,1.3). Wow! Das Wort (Gottes) ist also schon immer da, selbst wenn wir den Mund halten. Und es erscheint bei Johannes als äußerst schöpferisch, sinnlich und bunt: Es hat sich in alle

Wirklichkeit hineingesprochen und -geschrieben. Alles kann somit zur Anrede, zum Klang Gottes werden. Unsere Welt: gleichnisfähig und voller Gottes-Geheimnis. Anton Rotzetter, ein katholischer Meister des mystisch gestimmten Betens, sagt angesichts der bezeugten Fleischwerdung des Wortes im Johannesprolog (Joh 1): „Der Gläubige steht vor einem verworteten Horizont." (Rotzetter, A.: An der Grenze zum Unsagbaren. Für eine zeitgemäße Gebetssprache in der Liturgie, Schwabenverlag, Ostfildern 2002, Seite 30) Die Wirklichkeit, das Leben, der Hund vom Nachbarn – eine große Symphonie Gottes!

Verkündigung ist also weit mehr als gute Worte: Ihren Ursprung und ihre Orientierung findet sie in der Vielstimmigkeit Gottes. Gott spricht auf verschiedenen Kanälen zum ganzen Menschen. Und sagen wir es deshalb mal zugespitzt: Gott kann selbst im Schweigen, bei einer Sendepause zu uns sprechen. Oder noch härter für manche „evangelischen Rede-Freunde": sogar durch die Liturgie. Ja, die ganze Liturgie über wird auch verkündigt! Zumal die Kommunikationspsychologen uns ja gelehrt haben: „Man kann nicht nicht kommunizieren." (Paul Watzlawick) Alles spricht – verwortete Horizonte: Menschliches Leben findet grundsätzlich im Dialog statt. Es ist involviert in Gottes ansprechende Symphonie und universales Kommunizieren. Die wesentliche Frage dabei ist: Hören wir es? Und damit verbunden: Glauben wir das? Rechnen wir damit? Mit welchen Folgen, Risiken und Nebenwirkungen?

Übung: Das kann man nicht nur lesen, dem muss gelauscht werden. Am besten heute in dem, was mir widerfährt, oder draußen in der Natur: Ein schweigender Spaziergang, bei dem ich eine Zeit lang nur hinsehe, dann hinhöre, dann hinrieche und dann hinfühle. Konzentriert und wach. Merke ich, dass etwas oder einer zu mir spricht?

5.1.2 Kommunikation: vielseitig und sinnlich

Durch die Weite der Kommunikation Gottes öffnet sich auch der Blick
für die Bandbreite unserer Kommunikation. Selbst wenn wir nicht Pre-
digende sind, verkünden wir immer schon – den Glauben glaubend –
in vielfältiger Weise. Die Grafik verdeutlicht die „bunten Kommunika-
tionsmöglichkeiten des Evangeliums in und durch uns".

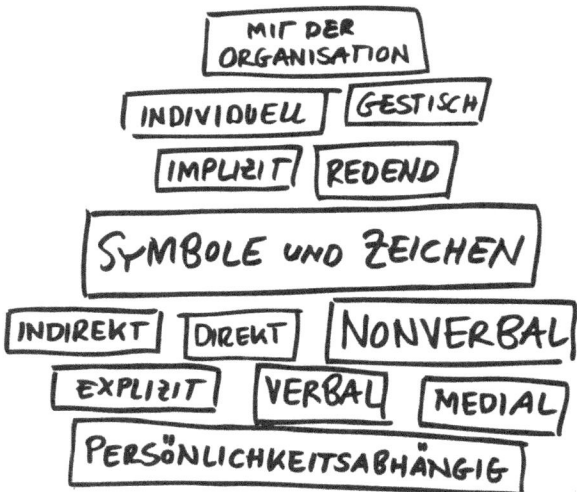

Wenn wir die Verkündigung als weites Kommunikationsgeschehen in
den Blick bekommen, kommt das Evangelium nicht länger diätisch
daher. Mein ganzes Leben spricht, nicht nur mein Mund. Es spricht
24 Stunden am Tag, nicht nur beim Gottesdienst-Feiern oder wenn
ich vom Glauben direkt erzähle. Das darf zunächst als entlastende Einsicht bei uns ankommen. Es wird aber auch deutlich, dass jeder Christ,
jede Christin an der Verkündigung des Evangeliums immer schon mit-
wirkt – eben nicht nur, wenn man predigt oder eine Andacht hält. Die
konkrete Einfärbung geschieht biographisch: durch meine Persönlichkeit, meinen Charakter, meine Gaben, meine Lebensphase, in der ich
mich bewege, durch das, was ich liebe.

Übung: Was spricht, was erzählt mein Leben, gerade wenn ich nicht rede, wenn mein Mund schweigt?

5.2 Jesu Verkündigung

Wie verkündigt eigentlich Jesus? Bestätigen die Entdeckungen das bisher Gesagte? Den Evangelien entlang lässt sich Folgendes festhalten:

- Noch bevor er einen Ton sagt, pflegt Jesus eine Kultur des hörenden Herzens und der betenden Stille. (Mt 4,1-2; Mk 11,1)
- Jesus hat den ganzen Menschen im Blick, körper- und sinnenfreundlich. Verkündigung geschieht immer wieder am Tisch, beim Essen. (Joh 2,1 ff.; Lk 19,5)
- Jesus hat keine Berührungsängste, sondern wendet sich Menschen aufmerksam zu, sucht die Beziehung. (Mk 5,24 ff.)
- Jesus zeigt sich äußerst gesprächsorientiert. Immer wieder verkündigt er dialogisch. (Mk 12,13 ff.)
- Jesus predigt natürlich auch. Gern erzählt er alltagsbezogen von Gottes neuer Welt, vom Reich Gottes, das mitten unter den Menschen ist. So knüpft er an Wissen und Erfahrungen, an die Lebenswelt der Zuhörenden an. (Mk 4; 6,34)
- Jesus schenkt, provoziert immer wieder Fragen. (Mk 8,27 ff.) Das Schema „Menschen fragen oder wissen nicht weiter, er aber hat die Antwort" geht nicht auf.
- Jesu Verkündigung geschieht grundsätzlich im heilenden Duktus: Was hilft Menschen zu größerer Freiheit, zu mehr Glanz? – So stellt er sich heilend Nöten und wirkt Wunder der Veränderung. (Joh 5,1 ff.)

Jesu Verkündigung zeigt sich beteiligend, lebensrelevant, begeisternd mit emotionaler Komponente. Aktuelle Einsichten aus Psychologie, Pädagogik und Hirnforschung unterstreichen, wie entscheidend diese Aspekte für das Lernen von Menschen sind. Gottesdienst wird einfach anders, wenn wir wahrnehmen, wie klangfreudig und farbenfroh sich Verkündigung grundsätzlich zeigt, und wir etwas davon beim Feiern aufleuchten lassen.

6 | „Lass klingen!"

Die Symphonie komponieren

Gottesdienst wird einfach anders, wenn wir unser Ohr für den Klang unseres Feierns schulen. Die bisherigen Töne haben uns dafür schon gut vorbereitet. Aber wie können wir Gottesdienste ganz konkret zum Klingen bringen? Immer beherzigend, dass der ultimative Wohl- und Vollklang erst durch Christus selbst und sein Kommen zustande kommt? Einsichten in menschliche Kommunikation und menschliche Gaben für das Kommunizieren sind dabei kein Hindernis, sondern eine Brücke.

6.1 Phasen und ihre Bausteine

Einen Gottesdienst zu feiern, ist ein kommunikatives Geschehen: Grundsätzlich geht es um die Kommunikation des Namens Gottes bzw. des Evangeliums – und dabei werden Menschen angesprochen, sie verständigen sich, singen Lieder, hören und sprechen Gebete, vernehmen Zeichen und begehen Rituale.

Dieses Kommunizieren ereignet sich im gottesdienstlichen Geschehen – so weit die Ökumene reicht – in vier verschiedenen Phasen: eröffnen und ankommen (Eingangsteil) / verkündigen und klären (Predigt) / schmecken und verkosten (Abendmahl) / segnen und senden (Schlussteil).

Dieser Weg erinnert an vertraute Wege, an den letzten Besuch bei einem Freund: Ich klingele am Namensschild neben der Tür, diese öffnet sich sodann und ich trete in den Hausflur (Eingangsteil). Wir sitzen im Wohnzimmer und plaudern intensiv miteinander (Wortverkündigung). Wir beginnen, miteinander etwas zu essen – „Tischgemeinschaft": eine der intensivsten Formen gelebter Freundschaft (Abendmahl). Ich muss wieder aufbrechen: Wir verabschieden uns und reichen uns die Hand (Schlussteil). Gottesdienst – gar nicht so fremd, sondern ein äußerst natürliches Geschehen!

Die vier Phasen sind wie vier große Türen, die verschiedene Räume auf dem Weg durch die Liturgie öffnen. Diese Räume haben zum Teil gleiche Bausteine, zum Teil aber auch ganz eigene. Variantenreich gestaltbar, können sie verschiedene Duft-Noten entfalten. Mit der folgenden Auflistung durchschreiten wir diese Räume: Ausgehend von einer „normalen Sonntags-Liturgie" gewinnen wir einen anregenden Überblick über die gottesdienstlichen Phasen und ihre alternativen Gestaltungsmöglichkeiten (ohne dabei den Anspruch auf Vollständigkeit zu erheben).

Traditionelle Liturgie-Bausteine einfach variieren

A. Eröffnung und Ankommen / Startphase
- Einklang (mit Symbolgeschenk zur Begrüßung)
- Lied
- Votum („Im Namen Gottes des ...", Wechselrufe, lyrische Umformulierung (meditativ), Raum wahrnehmen)
- Begrüßung (untereinander, den Körper wecken: meditativ-leiborientiert)
- (Eingangs-)Gebet (Psalm und Ehre sei dem Vater, „abholendes" Gebet und stilles Gebet, Liederblock zum Ankommen)
- anregende, mitnehmende (Inter-)Aktion (hinführend durch Meditatives / Körperübung / Witz / Interview, Symbolhandlung: z. B. ein Bonbon mit allen Sinnen entpacken)

B. Verkündigung und Bekenntnis / Klärungsphase
- Schriftlesung (Anspiel/Theaterszene, Videoclip, Lied einspielen, Interview)
- Lied
- Predigt/Ansprache (unterbrechende Zitate aus dem „Off", Bilder, narrativ, dialogisch, Liedpredigt (von Strophengesang unterbrochen), Bibliolog, Zwiegespräche/Kleingruppen)
- (Stille)
- Lied (Liedvortrag, Instrumentalstück, Gedicht lesen, Tanzdarbietung)

C. Mahlfeier (vertiefend und sinnlich) / Feier- oder Verkostungsphase
- als Offene Phase (Verköstigung/„Quelle", Lektüre-Ecke, Stationen dem Thema entsprechend)
- als Interaktion (z. B. auf Luftballons: Was mir wichtig ist/wurde ...)
- als Lobpreis (Lieder singen: im Wechsel / summen / a capella / Kanon / laut-leise modulieren)
- als Gebets- oder Symbolhandlungen (Kerzen entzünden mit Bitte/Dank, Gebet schreiben, (Taizé-)Gesang, Segnung/Salbung, Tauferinnerung, Kunstausstellung betrachten, Bild malen, Klagemauer,

Waffeln backen („Gottes Liebe – ein Backofen"), Psalmentext umschreiben)
- als meditative Bildershow
- als Videoclip (mit an die Predigt anknüpfendem Impuls für die Stille)
- als „Was denkst du?"-Kleingruppengespräche

D. Sendung und Segen / Schlussphase
- Fürbittengebet (mit Zwischengesang: Kyrie / Gloria / Kehrvers, zuvor geschriebene Gebete teilweise laut beten (vorlesen), konkrete Brücken zum Alltag schlagen)
- Vaterunser (gesungen, im Wechsel)
- Lied
- Abkündigungen/Infos (Verweis auf Blatt mit allen Infos)
- Friedensbitte: „Verleih uns ..." (Friedensstrophe, Segensstrophe)
- Segen (durch zwei Personen im Wechsel, Hände zur Schale formen lassen)
- Ausklang (Give-away, Kirchencafé/Catering)

Diese Auflistung kann helfen, einfach und schnell Anregungen zu bekommen, um an bestimmten Stellen des Verlaufs sinnvolle „Überraschungen einzubauen" und Gottesdienst mit allen Sinnen zu feiern. Vor allem wenn wir uns fragen lassen:

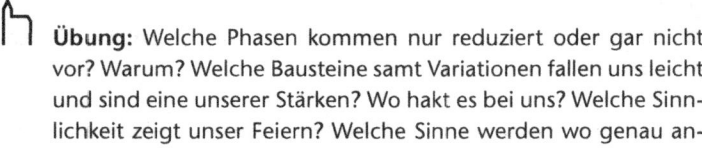

Übung: Welche Phasen kommen nur reduziert oder gar nicht vor? Warum? Welche Bausteine samt Variationen fallen uns leicht und sind eine unserer Stärken? Wo hakt es bei uns? Welche Sinnlichkeit zeigt unser Feiern? Welche Sinne werden wo genau ansprechend angesprochen?

Der Überblick führt aber auch eine empfindliche Stelle evangelischer Tradition vor Augen: Die Betonung auf das Wort (und damit die Predigt) sorgt häufig dafür, dass das Evangelium nur den Kopf der Feiernden erreicht, nicht aber in tiefere Schichten des Leibes einsickert und ganzheitlich verkündigt wird. Die Feier- bzw. Verkostungsphase – gerade auch in der ursprünglichen Form des Abendmahls – führt ein Schattendasein. Kann solch ein Evangelium wirklich satt machen, nähren?

6.2 Der Sound gottesdienstlicher Bausteine

Die Abwechslung bezüglich der Baustein-Varianten allein sorgt aber noch nicht für die Symphonie. Denn deren Bausteine können wie Töne und Harmonien sehr unterschiedlich gespielt werden: mal laut, mal leise; mal schnell, mal langsam; mal vertraut, mal überraschend; mal warm, mal kalt. Die gleichen Töne können einen ganz unterschiedlichen Sound haben.

Die folgende Grafik bringt vier Frequenz-Pole ins Spiel, an denen sich der jeweilige Sound der gottesdienstlichen Kommunikation orientieren kann.

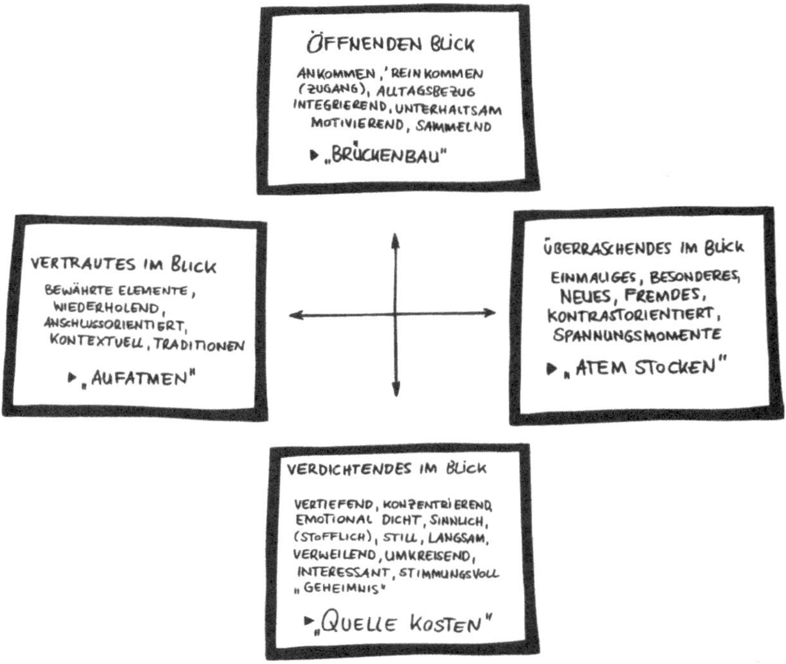

ÖFFNENDEN BLICK

ANKOMMEN, 'REIN KOMMEN
(ZUGANG), ALLTAGSBEZUG
INTEGRIEREND, UNTERHALTSAM
MOTIVIEREND, SAMMELND

▶ „BRÜCKENBAU"

VERTRAUTES IM BLICK

BEWÄHRTE ELEMENTE,
WIEDERHOLEND,
ANSCHLUSSORIENTIERT,
KONTEXTUELL, TRADITIONEN

▶ „AUFATMEN"

ÜBERRASCHENDES IM BLICK

EINMALIGES, BESONDERES,
NEUES, FREMDES,
KONTRASTORIENTIERT,
SPANNUNGSMOMENTE

▶ „ATEM STOCKEN"

VERDICHTENDES IM BLICK

VERTIEFEND, KONZENTRIEREND
EMOTIONAL DICHT, SINNLICH
(STOFFLICH), STILL, LANGSAM,
VERWEILEND, UMKREISEND,
INTERESSANT, STIMMUNGSVOLL
„GEHEIMNIS"

▶ „QUELLE KOSTEN"

■ **Öffnende Frequenzen des Gottesdienstes** haben dabei den „Brückenbau" im Blick, durch den die Gekommenen auch ankommen und ins Geschehen hineinkommen können, weil die kommunizierten alltagsvertrauten Inhalte sie da abholen, wo sie gerade sind. Sie erfahren bei diesem Sound den Gottesdienst nicht (gleich) als das Andere, Fremde. Besonders in der Startphase ist diese Frequenz wünschenswert, aber auch im weiteren Verlauf.

■ **Verdichtende Frequenzen** führen konzentriert in die Tiefe, weisen eine hohe emotionale Dichte auf und haben ein sehr reduziertes Tempo. Sie helfen, die Quelle, das Evangelium zu kosten – gegenüber allem Fastfood ... Verständlicherweise stoßen wir vor allem in der Feier- bzw. Verkostungsphase auf sie.

■ **Vertraute Frequenzen** kommunizieren mit bewährten traditionsorientierten gottesdienstlichen Elementen, die die meisten der Mitfeiernden kennen. Sie fördern somit ein „Aufatmen": Ich muss nicht aktiv hinhören und Bezüge herstellen, sondern lasse mich in ein vertrautes Lied fallen. Wiederholungen fördern dieses Aufatmen.

■ **Überraschende Frequenzen** bringen nicht erwartete Wendungen in den gottesdienstlichen Verlauf, lassen also den Atem stocken, weil man mit diesem oder jenem Schritt nicht gerechnet hätte. Sie sind an Neuem, Besonderem, Einmaligem interessiert und sorgen so für Spannungsmomente – gegenüber aller Langeweile einer voraussagbaren Liturgie.

Übung 1: Für welche Frequenzen schlägt mein Herz? Welche wirken angenehm auf mich? Für welche bin ich eher blind? Welche fallen uns in der Planung leicht, welche schwer?

Übung 2: Wie dynamisch feiert ihr? Könnt ihr euren zuletzt gefeierten Gottesdienst nochmals durchgehen und überlegen, welche Bausteine aus der folgenden Grafik welchen Sound hatten? Auf welchen Hauptfrequenzen habt ihr „kommuniziert"?

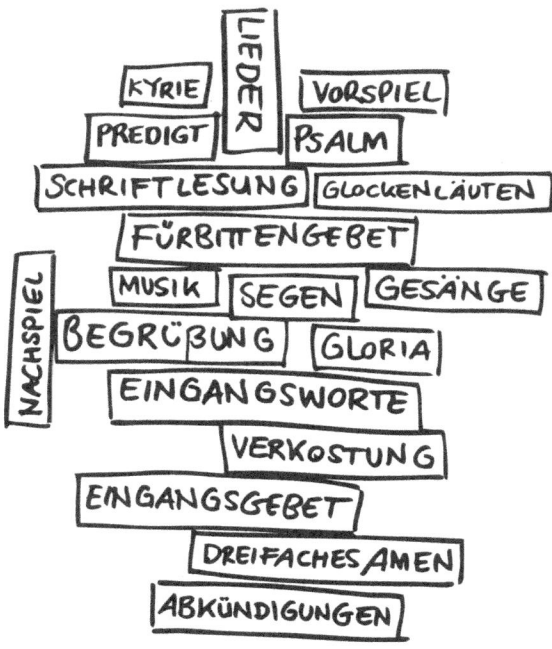

Übung 3: Holt eure Planungen für den nächsten Gottesdienst heraus und überprüft den bisher angedachten Sound der Bausteine. Welchen Frequenzen werden sie dieses Mal zugeordnet werden können? Welche Funktion haben sie dieses Mal im Hinblick auf den Gesamtweg des Gottesdienstes und sein „globales" Kommunikationsziel?

Dabei sollte die in Kapitel 4 aufgesetzte Lebenswelt-Brille nicht vergessen werden. Denn natürlich unterscheidet sich deutlich, was beispielsweise „im Osten" der Kulturen-Karte als überraschend oder vertraut erfahren wird von dem, was „im Westen" darunter vermerkt wird. Folgende Tabelle will diese Spuren für die Gottesdienst-Planung hilfreich verknüpfen: Welche Klangfarbe hat der einzelne Gottesdienst-Baustein in Bezug auf Frequenz und Lebenswelt?

Frequenz \ Lebenswelt	traditionsorientiert	postmaterialistisch	materialistisch	postmodern
öffnende Bausteine				
verdichtende Bausteine				
vertraute Bausteine				
überraschende Bausteine				

Die gottesdienstlichen Bausteine der jeweiligen Phasen samt ihrer Varianten können in unterschiedlichen Frequenzen kommuniziert werden. Wird dies miteinander harmonisch und sinnvoll verknüpft, entfaltet sich ein evangeliumsgemäßer Wohlklang und Gottesdienst klingt einfach anders: Seine „Musik" wird zur Symphonie, er selbst zu einer lebendigen Kommunikation.

7 | „Suche und finde!"

Themen entdecken und gestalten

Gottesdienst wird einfach anders, wenn wir ein Geländer finden, das uns bei der konkreten Gestaltung den Weg weist und kreative Prozesse unterstützt.

7.1 Fundorte für Themen

Fundorte für mögliche Themen aufzuspüren, ist ein wichtiges Geschäft. Denn wie leicht verfallen wir unseren Lieblingsthemen und erinnern uns nach etlichen Jahren des Feierns immer häufiger an den Strickplan: „Das hatten wir doch schon mal ...!"

7.1.1 Lebensweltsensible Themenfindung

Was wir in Kapitel 4 über die Lebenswelten erfahren haben, kann natürlich auch für das Auffinden von Themen fruchtbar gemacht werden. Interessen wurden dort angegeben: Allein schon die Begriffe der Pole auf der elementaren Kulturen-Karte bieten ja schon thematische Motive für sich („West-, Süd-, Ost- Nordpol").

Der Vorteil dieser Orientierung liegt auf der Hand: Gottesdienst-Planende werden davon befreit, stets nur ihre eigenen Lieblingsthemen zu nehmen bzw. das, wovon sie meinen, dass es alle interessiert. Denn freilich kann ein Gottesdienstteam milieuverengt sein, was sich auch unmittelbar auf die Themenfindung auswirkt. Die Kulturen-Karte kann also erneut ein erhellender Blick in den Spiegel sein.

Diese lebensweltsensible Themenverortung ist ein erster Schritt. Das kann, muss natürlich vertieft und konkretisiert werden, indem man entsprechende Medien wie Zeitschriften noch zur Schärfung des Themas heranzieht. Oder noch besser: Sucht man ein Thema heraus, das für das Team eher fremd ist, wäre zu fragen, ob man es nicht mit sachkompetenten Partnern gestaltet: Einen friedenspolitischen Gottesdienst kann man z. B. mit Menschen von Attac oder der Polizei vorbereiten, einen fotoästhetischen Gottesdienst mit der Foto-AG der Schule oder der VHS.

7.1.2 Aktuelle Themen aufgreifen

Während der eben beschriebene lebensweltsensible Zugang eher Dauer-Themen und grundlegende Interessen vor Augen führt, bewirkt die Orientierung an aktuellem Stoff ein hohes Maß an Aufmerksamkeit. Die These dahinter wäre, dass alles, was Welt und Gesellschaft interessiert, auch im Gottesdienst Platz hat und zum Gottesdienst-Thema werden kann. Spitzen wir es etwas zu: Jede Seite einer Tageszeitung ist ein Themen-Brunnen! Oder auf die digitale Welt bezogen: Jede News-Seite im Internet bietet einen großen Fundus an Gottesdienstthemen!

Eine solche Aktualität kann durchaus milieuübergreifende Wirkung entfalten und unterschiedlich tickende Menschen zusammenbringen – wobei dann sofort die konkrete Gottesdienst-Gestaltung eine relevante Rolle spielt. Auf diese Weise sind aber Themen im Mittelpunkt, von denen viele schon mal in den letzten Wochen oder Monaten gehört haben. Allerdings muss darauf geachtet werden, dass das Ganze zum Zeitpunkt der Gottesdienstfeier nicht schon angestaubt oder gar wieder vergessen ist.

Nehmen wir aktuelle Themen als Impuls für unsere Themenfindung auf, dann kann das folgendermaßen aussehen:

- Wir entscheiden uns für ein Thema, das uns bewegt, z. B. „iPad mini".
- Wir weiten das Thema auf ein allgemeines Interesse, ein allgemeines Bedürfnis hin aus und sammeln dafür Begriffe, z. B. „Kommunikation", „Medien", „Medienkompetenz".
- Wir „polieren" das Thema auf, indem wir z. B. emotionalisieren, ein biblisches Motiv einspielen, eine vertraute alltägliche Redewendung oder ein Sprichwort dazu verfremden.
- Herauskommen können Themen wie „Die ganze Welt in der Hosentasche – Smarthome" / „Facebook oder Gracebook?!" / „Funkloch – ständige Erreichbarkeit tut not."

 Übung: Klick dich durch eine Internet-News-Seite und lass dich von einem Thema bewegen. Übe dann die Schritte des Beispiels.

7.1.3 „Heureka: Es gibt ja schon etwas!"

Nur der Vollständigkeit halber sei hier erwähnt: Wir sind nicht die Ersten, die Themen finden und gestalten. Gerade die themenorientierten alternativen Gottesdienste verfügen oft über Internetauftritte, die auch die Themen ihrer nächsten Feiern nennen. Auch auf Gottesdienst-Plattformen im Internet wie jugonet (www.jugendgottesdienste.de – Stand Juni 2015) stößt man auf konkrete Themen und ihre fertige Ausarbeitung! Man sollte hier allerdings nicht einfach kopieren, sondern sich von den Ausführungen vielmehr inspirieren lassen und so zum eigenen Passenden finden. In der Regel lassen sie sich dabei vier „Themen-Boxen" zuordnen: Kirche und Kirchenjahr / Bibel und Glaubenspraxis / Lebensfragen und Lebenskunst / Gesellschaft und Politik.

 Übung: Zeigen unsere Themen(-formulierungen) Schlagseite hin zu bestimmten Themenboxen? Wird manche Themenbox von uns vernachlässigt? Warum?

7.2 Das Thema zum Feiern bringen

Hat man erst einmal den Themenkreis abgesteckt bzw. das Thema (grob) formuliert, geht es an die Ausarbeitung. Üblicherweise der komplizierteste und intensivste Prozess der Gottesdienstvorbereitung.

Das folgende Geländer führt dich bzw. das Team in mehreren Schritten zu einem konkreten Ergebnis, an dessen Ende ihr genügend Material und Bausteine habt, um euren kommenden Gottesdienst zu feiern. Die Kunst wäre dann, einen roten Faden zu erblicken und diesen kommunikativ zu verstricken (siehe Kapitel 6).

Vielleicht stockt der Prozess bei den ersten Versuchen noch hier und da, aber: Bleibt auf Übungs-Kurs! Und notiert euch stets eure guten Gedanken, die ihr aufgrund der Impulsfragen haben werdet!

7.2.1 Alltagsspuren

- Welche Alltagserfahrungen und Alltagsgegenstände verknüpfen sich konkret mit dem Thema? Welche lebensweltlichen Bezüge?
- Welche alltäglichen Redewendungen fallen uns zum Themenkreis ein?
- Welche konkreten Situationen ruft das Thema auf?
- Wo betrifft mich das Thema persönlich?

7.2.2 Biblisch-theologische Spuren

- Welche biblischen Bezüge hat das Thema?
  Stoßen wir auf zentrale Aussagen und Geschichten?
- Welche anschaulichen Motive weisen die Bibelstellen, die Bibel-Spuren auf?
- Wie inspiriert das Kirchenjahr, auch mit seinen Bräuchen?
- Stoßen wir auf theologische Traditionen, auf Konflikte oder Unklarheiten?

7.2.3 Ressourcenorientierte Spuren

- Welche genauen Interessen haben wir am Thema?
- Welche Begabungen des Teams können bei diesem Thema eingespielt werden?
- Wozu hätten wir Lust? Was macht Spaß? Was überrascht?
- Welche Möglichkeiten bietet unser Gottesdienstraum fürs Thema?
- Welche Sachkundigen, Experten finden wir in unserem Umfeld; mit wem können wir kooperieren?

7.2.4 Bereits bekannte Gottesdienst-Bausteine

- Was finden wir bei jugonet (www.jugendgottesdienste.de)? Was im weiteren Netz?
- Welche uns vertrauten Lieder, Gebetsformen usw. passen gut zum Thema? Wie können wir sie entwickeln und dem Thema anpassen?
- Welche Lieder nennen uns die Themenregister in Liederbüchern?

7.2.5 Versinnlichung

- Kann ich ein inneres Bild zum Thema „malen", wo genau mich dieses persönlich betrifft?
- Was ergibt sich, wenn wir mit den einzelnen Sinnesorganen „das Thema lesen": Wie schmeckt, riecht, hört, schaut, greift und fühlt sich das Thema an?
- Kann man zentrale Begriffe/Aspekte in ein konkretes Bild übersetzen (z. B. ein gefühlloses Herz als ein Herz aus Stein)?
- Lässt sich das Thema in eine Aktion, Handlung oder Körperübung überführen?

■ Und falls ein Bibeltext zentral für uns ist: Welche sinnlichen Motive setzt er frei (nicht gleich die Worte vergeistigen, sondern möglichst anschaulich verstehen)?

7.2.6 Prüfung und Ausarbeitung

■ Was soll kommuniziert werden? Formuliert drei Zielsätze, indem ihr diesen Satz vervollständigt: „Wir wollen feiern ..."

■ Welches biblische Motiv, welcher Bibeltext gibt unserem Feiern die innere Mitte?

■ Was ergibt sich aus den obigen Punkten konkret für die Interaktionen, das Theater, die Musik, die Gebetshandlungen usw.? Und den Titel?

■ Wie zeigen sich konkrete Lebensweltbezüge?

■ Wie gehen wir konkret vor? Was nehmen wir auf? Die gottesdienstlichen Phasen, Dynamiken und lebensweltlichen Horizonte aus Kapitel 6 schenken Orientierung. Was können wir leider nicht umsetzen?

Gottesdienst wird einfach anders, wenn wir unverbrauchtere Themen aufspüren, sie verfremdend aufnehmen und in mehreren Schritten durchkneten. Dann reicht Gottesdienst sinnenfreundlich an den Alltag heran.

8 | „Reich die Hand!"

Das Evangelium kreativ teilen

Gottesdienst wird einfach anders, wenn wir ihn grundsätzlich beteiligungsorientiert **mit** der Gemeinde feiern – nicht **für** sie! Die versammelnden Menschen sind ja nicht ein konsumorientiertes Publikum einer Show, sondern Mitfeiernde. Denkt man hier in falschen Bezügen, wird die feiernde Gemeinde sehr schnell zum bloßen Adressaten religiöser Handlungen – statt ein aktives Subjekt.

„Dann, während sie noch miteinander redeten und hin und her überlegten, kam Jesus selbst dazu ..." (Lk 24,15). Jesu Jünger machten diese geistliche Erfahrung: Der Herr selbst tritt durch die Tür wechselseitiger Kommunikation. Gilt dies auch heute noch, dann ist eine beteiligungsfreundliche Verkündigung frische Brise pur für unser gottesdienstliches Feiern. Gerade hier treten Gott und wir Menschen in einen intensiven – nicht nur verbalen – Dialog. Gott dient uns, wir dienen ihm. So wird das Evangelium wechselseitig kommuniziert.

Dabei sieht eine gottesdienstliche Beteiligungskultur je nach Medium anders aus: Worte beteiligen in anderer Weise als Bilder und diese wiederum in anderer Weise als Interaktionen und Meditationen. Eines gilt aber immer: Sie will die Mitfeiernden ansprechend mitnehmen und ihnen Räume öffnen, nicht aber zwangsverpflichten und bedrängen. Lernpsychologisch wird klar, dass das Evangelium und der Mensch gewinnen, wenn wir uns in Mehr-Weg-Kommunikation üben, wenn wir die Mitfeiernden beteiligen, involvieren und handlungsorientierte Möglichkeiten verstärken, wenn wir Schau- und auch Spür-Fenster des Glaubens öffnen und so das Evangelium anschaulich und handgreiflich kommunizieren. Und dabei den Nach-Tisch noch mitbedenken (eine Erinnerung, ein Bild, eine Aufgabe, eine Übung für daheim). Allzu deutlich ist: Menschen werden die Botschaft dann (nachhaltiger) bewegen, wenn sie von ihr bewegt wurden! Und wir sollten dieses „bewegt werden" nicht voreilig psychologisieren, sondern durchaus auch direkt verstehen.

8.1 Reden, das beteiligt

Natürlich beinhaltet Verkündigung als Kommunikation des Evangeliums auch das Wort. Wir springen als Menschen ja nicht durch den Urwald und brüllen nur unverständliche Urlaute wild aus uns heraus, sondern wir gehen aufrecht und verfügen über Sprache. Und mit dieser können wir kreativ und verständlich umgehen, sodass Zuhörende bei der Sache sind und bleiben. Wenn wir nicht nur oberlehrerhaft historische Informationen oder generelle Weisheiten zitieren, wird unsere Verkündigungsrede zum Sprachspiel, das andere beteiligt. Dabei gilt es zunächst zu beherzigen, dass „es die Spiritualität der Predigt mit einem ständigen ‚Wiederkäuen' eines biblischen Textes zu tun hat, weil ein Predigttext Zeit braucht, um in einem Prediger heimisch zu werden und sein eigenes Wort zu bilden" (Möller, Christian: Einführung in die praktische Theologie, UTB, Stuttgart 2004, Seite 145, vergriffen) – was abgewandelt auch für eine Themenpredigt wesentlich ist.

Dann führen auch rhetorische Einsichten weiter: Hilfreiche Angebote sind auch im Internet zu unterschiedlichsten Motiven wie Aufbau, Sprachstil, Gestik, Humor, Lampenfieber usw. zu entdecken. Eine effektive Checkliste zur eigenen Orientierung findet sich unter dem Begriff „Besser reden" auf jugonet (www.jugendgottesdienste.de – Stand Juni 2015). Jedenfalls sind kurze Sätze, farbige ungewohnte Begriffe, Pausen und eine Stimmführung, die weiß, wovon sie gerade spricht, entscheidende Würzmittel für ein beteiligendes Reden.

8.1.1 Dramaturgisch predigen

Wir wollen etwas konkreter werden: In den letzten Jahren machte eine Predigtweise auf sich aufmerksam, für die sich der Erlanger Theologe Martin Nicol stark macht. Der Kunstfreund

Nicol will weg von einer dozierenden, lehrenden Predigtweise mit am Ende guten Tipps für Leben und Glauben. „Als Paradigma für die Predigt dient nun nicht mehr die abstrakte Logik eines Besinnungsaufsatzes oder einer Vorlesung." (Nicol, Martin: Einander ins Bild setzen. Dramaturgische Homiletik, Vandenhoeck & Ruprecht, Göttingen ²2005, Seite 108)

Durch ihre Konzeption beteiligt die dramaturgische Homiletik (Lehre vom Predigen) in besonderer Weise die Zuhörenden. In ihren Grundzügen will sie ...

■ **ins Bild setzen.** Das meint: Diese Predigtrede will nicht (nur) informieren, belehren, sondern in eine illustrierte Wirklichkeit führen. Sie erzählt gern, aber nicht nur. Ist bilder- und erfahrungsorientiert, mit einem hohen Maß an Alltagsbezug und Sinnlichkeit. Sie deutet dabei nicht aus, sondern an – und lässt dadurch dem Hörenden Freiraum für einen eigenen Zugang.
Beispiel: Ich kann sachlich verkündigen: „Jesus arbeitete bei seinem Vater als Zimmermann. Er fertigte handwerkliche Dinge." Oder eben eher dramaturgisch: „Es klopfte, hämmerte. Es wurde gestemmt und geschleppt: In Josefs Werkstatt war Jesus zuhause."

■ **nicht über die Dinge, Texte, Themen, Wahrheiten und Gott reden.** Vielmehr will sie nah an sie heran, **in sie hinein**, mit ihnen kommunizieren. Hier zählen Momentaufnahmen, Stimmungen, Emotionen. Ich kläre die Zuhörenden nicht darüber auf, was der

Text, das Thema eigentlich bedeutet – ich führe sie mitten hinein, auf den „Schau-Platz".
Beispiel: Ich kann in objektiver Weise, konstatierend verkündigen: „Gott ist Liebe, und er freut sich über uns und unser Leben ..." Oder eben eher dramaturgisch: „Eine Hand hält meine, Augen sehen mich an, wie ich bin – und ich verstehe seine Stimme: ‚Ich liebe dich ...'"

■ **Spannungen suchen.** Und diese eben nicht (gleich) lösen, glätten, entschärfen. Denn Spannungen fesseln die Zuhörenden. Wenn man so will: Nicht das klare, sondern das reizvolle, „verhangene" Wort zählt, die überraschende Perspektive. Die Doppeldeutigkeiten, Widersprüche des Lebens werden aufgespürt und gestaltet.
Beispiel: Ich erkläre also nicht gleich mit meinem klugen Kopf (und entschärfe damit), wie Jesu Wort an Maria: „Du hast das gute Teil erwählt" (gegenüber Martha – Lk 10,42) eigentlich zu verstehen ist. Sondern ich treibe diese Spannung in die Tiefe (oder auf den Gipfel), führe in die Fragwürdigkeit, Aporie hinein. Wie? – Das führt uns zum letzten Punkt ...

■ **wie im Film verkündigen.** Daher redet man in dieser Theorie auch von „Moves" und „Structures". Ich sehe meine Predigt als Film: Szene um Szene mit je eigenem Anfang und Ende wird der Plot des Themas bzw. Textes vorangetrieben. Moves sind dabei vielgestaltig und meinen nicht nur ein Weitererzählen des nächsten Schritts meiner Geschichte. Gerade das macht ja auch formal mein Reden spannend, dass ich nicht nur im Medium des Erzählens bleibe, sondern von Move zu Move, passend zu meinem Plot, verschiedene Formen gestalte.
Beispiele (laut Nicol, Seite 109): „Sprachbild, Erzählung, imaginärer Dialog, innerer Dialog, rhetorische Fragen, Argumentation, Assoziationen (meditativ) ..."

Es geht um eine innere existentielle Dramaturgie: „Die Worte, Bilder und Geschichten der Bibel lieben heißt, sich von ihnen etwas zu erwarten für das Leben. Etwas, das es ohne dieses Wort, dieses Bild, diese Geschichte nicht gäbe. Etwas Unverwechselbares. Etwas, das bereichert, fasziniert, beglückt, mitunter ärgert." (ebd. Seite 75 f.) Spätestens hier ist wieder mal zu erwähnen, wie arm eine Themenpredigt ist, die nur beim Thema oder „guten Gedanken" bleibt – und das vertiefende, verunsichernde, erweiternde, befreiende biblische Wort vergisst.

Übung: Suche dir ein Bild, das dich neugierig macht, das eine gewisse Grundspannung hat. Es soll der Ausgangspunkt für deine Erzählung, für deine Predigt sein. „Verwickle" nun dich (und deine fiktiven Zuhörenden) in eine Geschichte – mit Blick auf die oben genannten dramaturgischen Aspekte. Werde Autor, schreibe los. Was ist die Geschichte hinter dem Bild? Nimm Worte, die weniger verbraucht sind. Lausche der emotionalen Dynamik und den Klangfarben deiner Ausführungen. Wenn du anschaulich erzählst, stellen sich begleitende nonverbale Ausdrucksformen wie Stimme, Gestik, Gefühle automatisch ein! Kannst du auch ein biblisches Motiv, Wort kunstvoll einmischen? – Bestimmt, wenn du auf deinen Bauch achtest ... Solltest du deine Erzählung zu einer „dramaturgischen Predigt" ausbauen wollen, dann werde Predigt-Regisseur, spiele mit den sequentiellen „Moves" und zitiere dazwischen ein Gedicht, lass eine Liedstrophe singen usw.

8.1.2 Beteiligende Gesprächsmethoden

Nun erinnern wir uns aber, dass auch die anderen Mitfeiernden durchaus etwas zu sagen haben. Wie können wir sie unterstützen, den Mund zu öffnen und auch miteinander ins Gespräch zu kommen? Und zwar zwanglos.

Hier ein paar erste Anregungen. Spiel diese Möglichkeiten ein, wo immer du kannst, und übe sie somit! Sammle Erfahrungen bei Andacht, Impuls, Gottesdienstfeiern, im Hauskreis, in der Konfirmanden-Gruppe oder anderen (Klein-)Gruppen etc. Sie können sowohl als eigenständiger wie auch als ergänzender Baustein aufgenommen werden.

Bibel teilen

Von den katholischen Brüdern und Schwestern kommt diese dialo-gisch-erfahrungsorientierte Bibelerkundung, die sich für (mehrere parallele) Kleingruppen sehr gut eignet. Je nach Format des konkre-ten Gottesdienstes sind sie somit auch „gottesdiensttauglich" – viel-leicht durch leichte Veränderungen.

Da diese Methoden der subjektiven Erfahrung und Wahrnehmung bzw. der persönlichen Geschichte Gottes mit der einzelnen Person viel Raum lassen, ist es wichtig, dass der Moderator / die Moderatorin darauf achtet, dass die Gruppenmitglieder keine bewertenden Kom-mentare auf das von anderen Gehörte geben. Ihre zentralen sieben Schritte (einladen / lesen / verweilen / schweigen / teilen / handeln / beten) sind leicht zu lernen. Konkrete Beschreibungen dazu findet man im Internet.

Fünf-Finger-Methode

Eine Handvoll Charme hat diese mehr oder minder körperorientierte Methode, die so-wohl explizit dialogisch als auch als Anlei-tung für eine persönliche Besinnung zum Einsatz kommen kann. Die fünf Finger der Hand bilden Impulsreize für einen Bibel-text, den man sich vorher ausgesucht hat, oder als Annäherung an das Thema:

- Daumen (hoch): „Finde ich super an diesem Text/Thema."
- Zeigefinger: „Darauf weist mich der Text neu hin."
- Mittelfinger: „Das stinkt mir an diesem Text / an dieser Geschichte."
- Ringfinger: „Der Text beinhaltet folgende Lieblingsaussage Gottes mir gegenüber."
- Kleiner Finger: „Das kommt mir in diesem Text, dieser Geschichte zu kurz, ist mir zu wenig ausgeführt."

Diese Methode lässt sich ganz verschieden aufnehmen: Sie kann spon-tane Kleingruppengespräche, eine erste Sensibilisierung fürs Thema oder einen (meditativen) Nachgang zum Gehörten unterstützen.

Echolesen

Der Bibeltext wird langsam, laut und deutlich vorgelesen. Alle anderen lesen still an der Leinwand bzw. auf dem ausgeteilten Blatt mit. Welcher Satz, welche Sätze sprechen mich an, die ich verstärken will? Wieder wird der Text laut gelesen, wobei nun alle ihren jeweiligen Satz oder ihre Sätze an der entsprechenden Stelle laut mitlesen.

Dann kann ein Gruppenaustausch erfolgen: Warum habe ich diesen Satz gewählt? Welches ist mein Haupt-Satz? Was bewegt er in mir? Abschließend wird der gesamte Text – wieder mit individuell laut gesprochenen Passagen – noch einmal miteinander gelesen.

Oder: Du umrahmst deine Textpredigt damit und fragst am Ende: Hat sich jetzt beim zweiten bewussten Lesen etwas verschoben?

Kleingruppen – oder: stille Zwiegespräche zu einer Impulsfrage

Die Fünf-Finger-Methode hat kleine Geschwister: Steht erst einmal ein Bibeltext – laut gelesen und/oder an die Leinwand sichtbar projiziert – oder eine Predigtaussage oder ein Thema im Raum, eröffnen Impulsfragen jederzeit einen vertiefenden zwanglosen Austausch: in Kleingruppen oder im stillen Zwiegespräch mit sich selbst. Mit weiteren Elementen (Lied, Gebet) ist auf diese Weise schnell eine ganze Verkündigungseinheit gezimmert – mit hoher Beteiligungsquote. Aber natürlich können solche Gespräche auch zu Beginn, in der Mitte oder am Ende einer Predigt erfolgen und diese bereichern. Bei Kleingruppengesprächen sollte der Moderator die Gruppen mit ihren denkerischen und sprachlichen Möglichkeiten sowie die Zeit gut im Blick haben, sodass das Gespräch nicht doch noch unter der Hand zwanghaft wird.

Reflexions- bzw. gesprächseröffnende „Reizworte" könnten sein:
Zuspruch – Anspruch: Wo entdecke ich im Text das eine, wo das andere für mich? – Am besten in zwei aufeinanderfolgenden Runden. Weitere Fragen wie „Hängt das eine mit dem anderen zusammen?" oder handlungsorientiertes Zusammentragen von Symbolen (z. B. beschriftete Herzen / wegweisende Pfeile) könnten dieses Gespräch für alle vertiefen.

Alltagsbezug: Wo spricht der Text Themen meines Alltags an? Wo genau habe ich mit dem Thema im Alltag zu tun?
Persönliches Erlebnis: Wo betrifft mich der Text? Wo habe ich eine dankbare oder schmerzliche persönliche Erfahrung zu einer Textaussage, zu einem Thema?
Übersetzung in einen Comic / eine Kunstserie: Welche Aussagen müssten dafür unbedingt ins Bild gesetzt werden? Wie?
Sinnes-Eindruck: Wie sehe, höre, schmecke, rieche, taste ich diese Aussage? (Die Personen sind frei für „ihren" Sinneskanal.)
„Was wäre wenn ...?": Diese Frage wird an entscheidenden Stellen des Textes/Themas eingeworfen – und Zeit zu Gespräch oder Besinnung gelassen.

 Übung: Überlege selbst, welche zentrale Frage in Bezug auf den Text, aufs Thema du den Hörenden schenken kannst!

Neben spezifischen Verkündigungsmethoden wie „Bibel teilen" kann man auch viele (Spiel-)Bausteine, die aus anderen Kontexten vertraut sind, gottesdienstlich zur Wirkung bringen (z. B. Spielpädagogik, Kreativitätstechniken, siehe Kapitel 8.2.3). Etliche Anregungen, die sich auch hier niedergeschlagen haben, bietet das empfehlenswerte Büchlein von Daniel Rempe (Hg.): 41 Methoden zum Bibellesen mit Gruppen. Ein Ideenbuch für Mitarbeitende zur Initiative „Liest du mich?" – Gott zum Nachlesen (Neukirchener Aussaat, Neukirchen-Vluyn [4]2012). Darüber hinaus findest du auf jugonet (www.jugendgottesdienste.de – Stand Juni 2015) weitere Interaktionen und Methoden, die zu einer wortbewussten und gesprächsorientierten Kommunikation des Evangeliums herangezogen werden können.

8.2 Schau-Fenster des Glaubens: beteiligende Bilder

„Schauinsland" heißt ein Berg in Deutschland. Sein „Balkon" lässt das Land prima überblicken, man spürt Weite und Tiefe. Können wir solche Höhen nicht auch in unsere Gottesdienst-Feiern aufnehmen, sodass diese nicht nur Hör-Ereignis, sondern eben auch „Schau-Fenster" sind für das Land des Evangeliums?

Dieses Bemühen ist ja nicht innovativ. Gottesdienste sind Schau-Fenster, schon in der Bibel, wie Psalm 27,4 (Luther) eindrücklich beschreibt: „Eines bitte ich vom Herrn, das hätte ich gerne: dass ich im Hause des Herrn bleiben könne mein Leben lang, zu schauen die schönen Gottesdienste des Herrn und seinen Tempel zu betrachten."

Gottesdienstliche Schau-Fenster helfen, uns dem Geheimnis Gottes immer wieder anzunähern. Sie wirken – ganzheitlich – in tiefste Schichten unserer Existenz hinein. Hat Jesus nicht deshalb auch in Gleichnissen, in einer bilderreichen Sprache verkündigt? Kopfkino für das Reich Gottes? Ein Bild sagt mehr als tausend Worte ...

Vieles von dem, was wir im vorigen Abschnitt zur beteiligenden Wort-verkündigung hörten, handelte bereits von der Gewinnung einer bildgetränkten Sprache. Dabei ist nicht die Anzahl der aufgereihten Bilder entscheidend, sondern die Auswahl: Ein Bild, das zentral unsere Aussage trifft und stützt, führt in die Tiefe, wenn wir behutsam und verweilend damit umgehen. Jene Bildorientierung erweitern wir nun in diesem Abschnitt um mediale Bilder (Schau-Fenster).

Die hier vorgestellten Methoden bzw. Medien können an etlichen Orten und in unterschiedlichen Funktionen im Gottesdienst eingesetzt werden: als überraschendes Schau-Fenster bei der Begrüßung; im Rahmen der Schriftlesung; vor, während oder nach der Predigt; am Ende; bei Gebetsphasen; zum „Aus-Blick" eines Gottesdienstes; als Aufhänger; als vertiefender Impuls; als zentrales Visualisierungsmedium der Verkündigung. Der Fantasie sind keine Grenzen gesetzt ... Allerdings gilt eins deutlich: „Schau-Fenster" sind nie nur nette Lückenfüller, ihre konkrete gottesdienstliche Funktion sollte reflektiert sein! (siehe Kapitel 6)

8.2.1 Videoclips

Videoclips mit der ihnen eigenen Kürze eignen sich in besonderer Weise für den Einsatz im Gottesdienst bzw. in der Verkündigung – zumal etliche Räumlichkeiten in den letzten Jahren so eingerichtet wurden, dass der Aufwand dafür immer kleiner wird. Material findet sich genügend, zum Teil kostenlos im Internet, im TV oder kostenpflichtig bei Musikanbietern oder bei Foto-Video-Datenbanken im Netz. Allerdings sind Urheber- und Nutzungsrecht bzw. Lizenzbestimmungen jeweils zu beachten (siehe unten).

Dabei gilt grundsätzlich: Alles kann zum (an)sprechenden Wort Gottes werden. Freilich helfen dabei das geübte Auge und der geschärfte Sinn. Dazu ein paar wichtige Tipps:

- **Auswahl:** Lässt sich durch Grundaussage oder konkrete Zitate eine Brücke zum Evangelium bzw. zu biblischen Aussagen schlagen? Welchen Brückenschlag ermöglicht die Bilder-Sprache des Clips?
- **Gottesspuren in der Bildersprache:** Leuchtet etwas von Gottes Glanz, seiner Gnade, seiner Ermutigung in den Clips auf?
- Inhalt: Je existentieller ein Clip ins Leben spricht (durch sein Thema, seine Bilder), desto leichter lassen sich elementare biblische Gedanken anschließen.
- **Musikvideos:** Sie sollten den Songtext als eine Geschichte erzählen und nicht lediglich die Band in Szene setzen.
- **Funktion:** Natürlich kann ein Clip immer als Aufhänger und somit als Gleichnis dienen. Aber: Er wirkt umso stärker, je mehr er ins Geheimnis (Gottes) führt. Ein Zeichen dafür ist, ob deine Botschaft am Ende auch ohne den netten Aufhänger auskommt oder sie bis zuletzt mit diesem verwickelt bleibt – und so Clip und Bibelwort/Botschaft sich gegenseitig neu einfärben.
- **Kontrast-Funktion:** Sie muss in besonderer Weise geprüft werden: Kann von jenem „negativen" Bildimpuls ein guter und überzeugender Bogen zur eigentlichen Aussage geschlagen werden?

Diese Ausführungen beherzigen die folgenden Beispiele. Schau doch mal, wie ansprechend diese Clips auf YouTube sind:

- **Silbermond, „Glücks-Video" zum Song „Himmel auf"**
  Wann reißt der Himmel auf für dich? Was heißt Glück für dich? Jede Menge Aussagen, vom Ohrwurm untermalt. Was wäre meine Aussage? Und tritt Glück in der Form von Beziehung auf: Ist dann nicht „Gott nahe sein" umfassendes Glück? Ja, ist Gott nicht in all den Glückssplittern wahrnehmbar und ich werde frei zu danken? Als Einstieg in eine „Kontrast-Verkündigung" auch auf jugonet (Stand Juni 2015).
- **Nickelback, „Save me"**
  Wie viel Lebenszeit wird es am Ende für mich gewesen sein? Meine Tage sind kostbar: In einer Welt voller Möglichkeiten, die zum Verirren einlädt … „Lehre mich, das Falsche vom Richtigen zu unterscheiden … Rette mich!" Zu wem wird gerufen? Wie gut, wenn man eine Adresse hat – und ein Wort, das wach macht: „Lehre uns bedenken, dass wir sterben müssen, auf dass wir klug werden" (Ps 90,12).
- **„Spin", ein Kurzfilm**
  Kann man die Geschichte lenken? Hängt nicht alles mit allem zusammen? Was heißt „Allmacht"? Kann man Dinge ungeschehen machen? – Solche und andere Fragen provoziert dieser packende Kurzfilm. Ausgearbeitet auch bei jugonet (Stand Juni 2015).
- **Clip „7-Wochen-ohne", 2013**
  Sind wir wirklich offen, neue Wege zu gehen? Fremden Menschen zu begegnen? Fremde Formen und Lieder zuzulassen? Vielleicht müssen wir eher als Bettler aufbrechen statt als Wissende und Gebende?
- **„The power of words"**
  Worte sind erste Taten – und nie nur gesagt oder geschrieben. Von dieser Macht der Worte wird uns hier erzählt. Worte beschäftigen, bewegen, können befreien oder niederschlagen. Welcher Art waren meine Worte heute? Welche Kraft erfahre ich durch die Worte Gottes?

8.2.2 Noch ein paar Hinweise zu den laufenden Bildern

Methodischer Hinweis: Methodisch kann auch eine Vorführung mit unterbrechender Fragerunde sehr neugierig machen: „Wie geht's wohl weiter?"

Technische Qualität: Gerade bei Musikvideos (aber nicht nur) ist zu prüfen, in welcher Qualität sie vorliegen. Vielleicht kann man sie im Netz noch an anderen Stellen finden oder auch (mit gewissen Lizenzbedingungen) kaufen.

Copyright-Frage: Eine private Kopie von YouTube-Videos ist in Deutschland „zu Sicherungszwecken" auf dem eigenen Rechner (mittlerweile) erlaubt. Das Urheberrecht wird damit nicht verletzt. Nicht erlaubt ist aber eine Vervielfältigung oder gar eine kommerzielle Nutzung, die über diese Privatkopie hinausgeht. Ebenso ist die öffentliche Vorführung (z. B. in einem Gottesdienst) von diesen Dateien, die auf dem eigenen Rechner (als legale Sicherungskopie) gespeichert wurden, rechtlich nicht erlaubt! Nur wenn du das Video dort direkt aus dem Netz abspielst (streamst), weil euer Raum über einen Internetzugang verfügt, bist du – juristisch gesehen – wieder im Spiel und rechtlich ist alles sauber.
Noch ein Haken: Grundsätzlich ist zu beachten, dass wiederum zahlreiche Personen, die bei YouTube Videos hochladen, gar keine Rechte an diesen Dateien haben und somit illegal hochladen.

Auch Ausnahmen sind zu nennen: Gibt der Urheber dir die Nutzungsrechte für deinen Zweck (was man immer schriftlich einholen sollte), dann ist alles kein Problem. Ebenso beinhalten z. B. die bei kirchlichen Medienstellen erhältlichen Artikel in der Regel ein öffentliches Vorführungsrecht. Bei gekauften (Musik-)Videos muss man die Lizenzbedingungen des Anbieters sichten – vielleicht lassen diese ein öffentliches Vorführen ja zu. Und wenn nicht, gibt es verschiedene Lizenzierungsmöglichkeiten für Gemeinden, z. B. von CCLI (www.ccli.de).

Auf jugonet (www.jugendgottesdienste.de – Stand Juni 2015) findest du eine ausführliche Beschreibung der aktuellen Rechtslage, gerade auch was Filmgottesdienste mit Spielfilmauszügen und deren Bewerbung angeht (Artikel „Film ab im GoDi"). Ebenso sind hier etliche Filme (auch Kurzfilme) und Songs (Musikvideos) in Form von Film- und Songandachten sowie Gottesdienstentwürfen und -bausteinen für euch ausgearbeitet (Stand Juni 2015).

Literaturtipp: Im Buch „Film+Verkündigung. Filme als Brücke zwischen Glaube und Themen junger Menschen – Entwürfe für die Jugendarbeit" (herausgeben von Martin Burger und Vassili Konstantinidis, buch+musik, Stuttgart, 2014) sind Andachten, Gottesdienste, Predigten und Entwürfe für Gruppen zu 58 Filmen enthalten.

8.2.3 Stand-Bilder

Natürlich sind nicht nur bewegte, sondern auch Stand-Bilder für den Gottesdienst geeignet (in allen Formen bis hin zum Bodenbild). Bild-Meditationen haben eine lange Verkündigungstradition. Je nach Atmosphäre des Gottesdienstes und seiner konkreten Funktion darin ist das Bild auszuwählen: Harmonische Bilder lassen zur Ruhe kommen; spannungsvolle, vielleicht zunächst irritierende Motive wecken auf. Wichtig wäre in jedem Fall, dass Bilder eine einladende Offenheit und Mehrdeutigkeit an den Tag legen – und somit zum Verweilen bzw. zur Entdeckung, zur Interpretation anregen.

Bilderdatenbanken im Internet wie „Fotolia" oder „iStockphoto" liefern dir Bilder, deren Preis auch ein Recht zur Veröffentlichung beinhaltet. Achtung: Generell muss man bei diesen Internet-Bilderdatenbanken im Kleingedruckten lesen, ob diese öffentliche Verwendung auch für religiöse Zwecke bzw. im religiösen Rahmen geschehen darf!

„Blobs" sind neutrale, geschlechtsunspezifische Figuren, die helfen können, alle möglichen Themen zu visualisieren. Text oder Thema so ins Bild gesetzt, können Blobs und entsprechende Impulsfragen zu ihnen einen emotionaleren Zugang bewirken: Was meinst du, wie dieser Blob sich hier fühlt? Warum? Was könnte, müsste das Gefühl verändern? Wer könnten die anderen auf diesem Bild sein? Kennst du solche Situationen? Wo genau im Alltag? Kommt dir eine biblische

Geschichte zu diesem Bild in den Sinn? Besonders reizvoll ist, dass es bereits eine CD-ROM „Blob Bible" mit biblischen Geschichten, Psalmen etc. zum Ausdrucken oder zum Präsentieren mit Beamer gibt, die (gemäß dem Werbetext) auch die Vervielfältigungsrechte miteinschließt.

8.2.4 Spielszenen und Theater im Gottesdienst

Spiel- und Theaterszenen sind live performte Schau-Fenster. An dieser Stelle nur ein paar wenige Anregungen dazu.

Auflockerungsübungen: Ohne Auflockerung, die Kreativität und ein waches Gefühl für den eigenen Körper weckt, geht hier wenig. Daher sind für die kreative Theaterarbeit Lockerungsübungen zum Start für die Akteure unerlässlich. Hier zwei Anregungen, wie dies geschehen könnte:

■ **Miteinander in Schwung kommen und gegenseitig applaudieren:** Alle gehen im gleichen Tempo durch den Raum, versuchen dabei den Raum auszufüllen. Zunächst die anderen bei Blickkontakt still (und freundlich) anschauen. Dann auf jemanden zugehen, ihm in die Augen schauen, mit ihm (instinktiv) gleichzeitig hochspringen und zusammen – in der Luft – in die Hände klatschen (in die eigenen oder aber gemeinsam mit dem Partner klatschen). Dann weitere Personen suchen und wiederholen.

■ **Aufeinander einstimmen, abstimmen und Töne summen:** Wie in mystischer Tradition („tönen") summen die Akteure individuell einen Ton in einer ihnen angenehmen Höhe, bewegen sich dabei durch den Raum und „tauschen" den jeweiligen Ton immer dann, wenn sie jemanden treffen und sich beide Summenden anschauen (was gar nicht so leicht ist).

Hin zum Theaterspiel: Wie können Spielszenen gefunden werden? Hier ein weiteres kreativitätsförderndes Geländer, das Teams unterstützt, vom Thema zur Spielidee und ihrer Konkretion zu kommen. Ich verdanke es einem Workshop des Theaterpädagogen Frieder Schmitz.

- Jeder/jede schreibt fünf Wörter zum Thema auf je ein großes Blatt. Alle Blätter werden zusammen ausgelegt.
- Jeder/jede sucht sich nun aus dem Wörter-Pool ein Wort aus.
- Diese ausgesuchten Wörter werden wiederum neu verteilt.
- Jeder/jede schreibt nun einen lesbaren kürzeren Text zu seinem/ ihrem erhaltenen Wort.
- Die Texte werden wiederum neu verteilt.
- Texte „inhalieren": Sie werden laut im Raum gelesen, vielleicht dabei auch im Raum umhergehen. Ich mache mir den Text zu meiner Geschichte.
- Der Text bekommt einen allen vertrauten Sitz im Leben, z. B. als „Haushaltsszene": Jeder/jede überlegt sich seine/ihre Theater-Szene, die Szene und Text mehr miteinander verwickelt.

Am Ende sollten natürlich alle Szenen hintereinander vorgeführt werden. Anschließend sitzt das Team wieder als Ganzes zusammen und sondiert all das Geschaute: Was können und wollen wir davon für unser nächstes Theaterspiel aufnehmen, kombinieren, bearbeiten, zurückstellen?

Abschließender Hinweis:
Im Netz wie auch auf jugonet (www.jugendgottesdienste.de – Stand Juni 2015) findet man theaterpädagogische Anregungen sowie bereits ausformulierte Stücke.

8.3 Spür-Fenster des Glaubens: beteiligende Übungen

8.3.1 Interaktion als heilsame Zuwendung

Gottesdienst zu feiern, führt zusammen, verbindet, fördert Gemeinschaft. Unterschiedlichste Menschen ziehen ein Stück gemeinsam des Weges mit Christus. So gesehen ist die gottesdienstliche Weggemeinschaft auch schon immer interaktiv – das einfache Sender-Empfänger-Schema der technischen Kommunikation haut nicht hin. Durch die Liturgie hindurch bildet sich schon immer interaktiv ein Miteinander, ein „wir": Es entsteht Beziehung, weil Menschen miteinander agieren und sich zuwenden. Der Gottesdienst – gerade als Fest und Spiel – fördert Beziehung, Interaktion und Zuwendung.

Dabei geschieht menschlich Entscheidendes: Inmitten einer medialen Welt erlebt die feiernde Gemeinde direkte Interaktion, direkte Begegnung. Eine Art „Hautkontakt", da soziale Zuwendung ja immer unter die Haut geht. Ein Defizit an sozialer Interaktion kann krank machen oder Entwicklung stören – auch die gottesdienstliche. Umgekehrt fördern Beziehung und Interaktion die soziale und kommunikative Kompetenz – die Fähigkeit, sich in einer sozialen Gruppe zu bewegen: Es erweitert das Rollenrepertoire einer Person und stärkt das empathische Vermögen. Man spielt eine andere Rolle als die gewöhnliche, versetzt sich in Personen hinein und übt sich im Wahrnehmen menschlicher Reaktionen. Im Gottesdienst „bespielt", könnte der Alltag profitieren und neue Situationen besser bewältigt werden. Beziehung, soziale Interaktion, Begegnung, Berührung können dies schaffen – nicht bloße Unterhaltung oder Belehrung!

Werden wir uns in dieser Weise des eigentlichen Geschehens beim gottesdienstlichen Feiern bewusst, wird die soziale Interaktion dort zu einer echten Gestaltungsaufgabe – und kann nicht dem „blinden Spiel der Kräfte" überlassen werden oder sich nur auf das (oft recht formale) Wechselspiel zwischen Pfarrer/Pfarrerin und Gemeinde reduzieren.

8.3.2 Interaktion auf „doppeltem Boden"

Damit diese Gestaltungsaufgabe gelingen kann, sind zwei Dinge entscheidend:

■ **Freiwilligkeit:** Jedes Wechselspiel, auch das im Gottesdienst, lebt davon, dass Menschen dazu nicht gezwungen, sondern eingeladen werden (was nicht mit der überstrapazierten Formel „Ich lade Sie ein ..." exerziert werden sollte). Interaktion – nehmen wir als Beispiel die Abendmahlsfeier – hat stets den Charakter eines Angebots. Sie ist nicht Pflicht oder Gesetz, sie atmet Evangelium.

■ **Nähe und Distanz** bilden ein sensibles Wechselspiel, das sich zudem stark persönlichkeitsabhängig zeigt: Was für den einen / die eine kalt wirkt, rückt dem anderen / der anderen schon auf die Pelle (z. B. dem Banknachbarn / der Banknachbarin zur Begrüßung die Hand reichen). Das „liturgische Du" in seinen verschiedenen Formen (z. B. „Der Friede Christi sei mit dir") zeigt sich hier als Balancemedium, das in seiner Bedeutung kaum zu überschätzen ist. Die liturgische Moderation muss sich jedenfalls ein sensibles Gespür für solche unterschiedlichen Wahrnehmungsweisen von Menschen erarbeiten und erhalten.

8.3.3 Interaktionen fürs Feiern – Beispiele

Spiel und Interaktion sowie individuelle Freiräume machen auch im Gottesdienst Freude. Menschen agieren zusammen und bekommen direkt miteinander zu tun. Das sind Quellen gegenseitiger Zuwendung. Und: Ich bin dabei, verwickelt, mittendrin.

Solche Interaktivität erhöht die Selbstaktivität und steigert das Gemeinschaftsgefühl – wenn die Anmoderation stimuliert und motiviert. Sie sollte die liturgische Funktion des Bausteins deutlich und die zentralen Aspekte „Freiwilligkeit" und „Nähe/Distanz" vernehmbar machen. Die folgenden Übungen – vielleicht in anzupassender Form – sind durchaus auch beim Gottesdienst-Klassiker am Sonntagmorgen möglich.

1. Für die Anfangsphase des Gottesdienstes

Typische Aspekte sind hierfür: ankommen, hineinkommen, sich bereit machen. Wie bin ich da? Mit welcher Erwartung? Bin ich frei und offen für Gott, für die anderen Mitfeiernden?

„Wie bin ich da?" – Gemütszustände zeigen

Jeweils zwei bis vier Personen stellen sich gegenüber. Mit der Frage: „Wie bin ich eigentlich heute da?" spürt jeweils eine Person den gegenwärtigen Gefühlen in sich nach und versucht, diese mimisch-gestisch den anderen kurz darzustellen. Diese wiederum geben ihre Deutungen in Worten wieder.

Auch für die Schlussphase: „Mit welchem Gefühl gehe ich nun weiter?"

„Willkommen!" – Verschiedenheit wahrnehmen

Die Mitfeiernden sollen es alle auf verschiedenste Weise spüren: Sie sind willkommen. Unterschiedliche Rituale des „Willkommen-Hei-ßens" werden ausprobiert und zwar so, dass einer/eine von vorne das Ritual startet: Jede so begrüßte Person wird ihrerseits zusätzlich zu einer begrüßenden Person. Bis alle im Raum mit diesem Ritual begrüßt worden sind. Die Rituale könnten sein: Hand leicht heben und „Hallo" sagen / Hände kräftig schütteln / leicht auf Schulter schlagen / vorsichtig die Fingerknöchel aneinander bringen.

Anmoderation: „Unterschiedliche Menschen sind wir, aus unterschiedlichen Richtungen, vielleicht sogar aus unterschiedlichen (Lebens-)Welten und Kulturen: Aber jeder/jede ist willkommen. Weil das spürbar werden soll und weil Menschen sich ja ganz unterschiedlich willkommen heißen, machen wir das mit einer kleinen Übung deutlich, die uns auch zeigt, dass uns nicht alles gleichermaßen angenehm ist ..."

Mehr Groove im Raum – Body Percussion

Unglaublich, wie allein unser Körper den Raum mit Klang und Rhythmus füllen kann: Body Percussion macht es möglich. Dabei muss niemand gleich Voll-Profi sein, sondern es gilt: Weniger ist mehr. Damit alle einigermaßen Spaß haben, muss es ohnehin ein einfacher Rhythmus sein. Eine rhythmisch begabte Person eures Teams sollte sich verschiedene Möglichkeiten im Netz anschauen. Für den Gottesdienst empfehle ich Patterns mit nicht mehr als drei bis vier unterschiedlichen Schlagweisen. Super ist, wenn man mindestens zwei Gruppen einteilt und diese etwas andere, aber sich ergänzende Rhythmen schlagen lässt. Einfach mal rechtzeitig vor eurem Gottesdienst mit einer anderen Person testen und dann zu zweit – jeweils einer Gruppe zugeordnet – im Gottesdienst „vorbildlich" von vorne exerzieren.
Kann in etwas veränderter Funktion und Anmoderation in allen Phasen des Gottesdienstes zum Einsatz kommen.

2. Für die Phase der Wortverkündigung

Typischer Aspekt: Das Gehörte bewegen und reflektieren – nah am Text oder Thema.

Echo-Chor bei einer Szene

Als kurzes Theaterstück können zwei Personen eine textlich geformte Szene (eher Dialog mit nicht zu viel Text) spielen (auch eine kleine biblische Szene eignet sich). Die Mitfeiernden werden in zwei große Gruppen eingeteilt und jeweils einem Schauspieler / einer Schauspielerin zugeordnet. Die Spiel-Szene wird nun aufgeführt. Dann wird sie wiederholt. Dabei gilt: Immer wenn ein Darsteller / eine Darstellerin etwas sagt, wiederholt „sein/ihr" Chor diesen Text (Echoeffekt).

Storytelling: Die Predigtbotschaft und Ich

Im Anschluss an die Predigt werden die Zuhörenden gefragt: „Welche (durchaus auch kleine) eigene Geschichte fällt mir zum heutigen Thema ein, welches Erlebnis von mir könnte ich mit der heutigen Predigtaussage verknüpfen?" Dann sammeln sich die Feiernden in Kleingruppen von vier bis fünf Personen und erzählen sich gegenseitig kurz ihre Begebenheiten. Es kann eine zweite und eine dritte Runde mit je neuen Kleingruppen durchgeführt werden, wenn der Spannungsbogen und die Zeit es zulassen.

3. Für die Phase des Feierns und der Verkostung

Typische Aspekte sind hier: Vertiefung, Versinnlichung, „Verdauung" des Gehörten.

Mit Leib und Stimme hören lernen

Im Anschluss an die Predigt wird die Frage in den Raum gestellt: „Was bewegt mich jetzt? Wie habe ich die Predigt gehört? Was gibt mir zu denken?" Stille. Weitere Frage: „Kann ich dies mit einem Ton, einer Bewegung, einer Geste andeuten? Könnte ich das auch in mehrere dieser Weisen ‚hineinübersetzen' (quasi einen kurzen Bewegungsablauf, eine kurze Szene)?" Dann stehen die Personen locker verteilt im vorderen Bereich des Raumes. Der Moderator / die Moderatorin setzt sich einen Hut auf und ist „der Oberhirte / die Oberhirtin". Was der

Oberhirte / die Oberhirtin macht, muss der Rest der Gruppe konsequent und genau nachmachen: egal, ob es sich um Bewegungen oder stimmliche Äußerungen handelt. Wenn der Oberhirte / die Oberhirtin nicht mehr weitermachen möchte, setzt er/sie den Hut jemand anderem auf – oder jemand anderes nimmt sich einfach den Hut und setzt ihn auf. Niemand muss „seine Szene" erläutern. Wie unterschiedlich und vielfältig Gott gesprochen hat?

Anteil geben

Im Anschluss an die Predigt wird gefragt: Kannst du das, was du gehört hast, das, was dir wichtig wurde, in ein paar Bewegungen übersetzen, in einer Art Pantomime bzw. Szene zeigen? Stille. Dann bilden die Anwesenden Paare und verteilen sich im Raum. Die jeweiligen Partner/Partnerinnen stehen sich in einem Abstand von etwa zwei Metern gegenüber. Nun sollen sie jeweils ihre Gesten, ihre Szene in recht langsamen Bewegungen (Zeitlupe) vormachen. Zeit lassen! Der/die Gegenüberstehende macht ihm/ihr alle Bewegungen – wie vor einem Spiegel stehend – „zeitgleich" möglichst exakt nach. Langsame und leise Musik kann die langsamen und fließenden Bewegungen unterstützen. Nach einigen Minuten erfolgt ein Rollentausch: Jetzt übernimmt der Partner / die Partnerin die Führung und macht seine/ihre Bewegungen vor und der/die andere versucht, sie exakt zu kopieren.

4. Für die Schlussphase des Gottesdienstes

Typische Aspekte sind hier: Sendung, Aufbruch, Verabschiedung, Segen.

Werbespot als Rückblick

Als Rückblick auf den gefeierten Gottesdienst überlegt sich jede Person einen Werbespot (die sind in der Regel nicht lang) für das, was ihm/ihr heute gut getan hat bzw. was ihm/ihr geschenkt wurde – nach dem Motto: „Dieser Gottesdienst-Besuch hat sich gelohnt, weil ...". Wenige Sätze, Stimme, Gestik stehen im Blickpunkt. Eine „gegenseitige Präsentation" könnte mit den Sitznachbarn / den Sitznachbarinnen erfolgen, vielleicht sind aber auch ein paar bereit, ihren Spot von vorne darzubieten?

Abschlusskreis als Segenskreis

Ein großer Stehkreis (oder mehrere kleine) werden gebildet. Die Feiernden blicken alle nach unten auf die Füße von einer anderen Person. Bei Kommando blicken alle in das Gesicht „ihres Fußträgers / ihrer Fußträgerin". Treffen sich die Blicke, wird von den beiden laut „Segen" gerufen. Mehrmals wiederholen – wobei dieselbe Person nicht nochmals angesehen werden darf. Dann: „Sieht uns Gott nicht auch an und segnet uns dadurch?" Segenszuspruch für alle.

Segenskreis meditativ

Recht bekannt ist bereits diese Interaktion: Alle stehen im Kreis und sind der Person rechts von ihnen leicht zugedreht. Jeder/jede streckt die linke Hand – zum Gefäß geöffnet – in die Mitte. Die rechte wird auf die linke Schulter der Person rechts gelegt. Durch diese Geste wird deutlich: Wir werden selbst gesegnet und können für andere Segen sein. „Der lebendige Gott spricht es dir zu: Ich will dich segnen und du sollst ein Segen sein. Sein Friede begleite und trage dich."

„Reich die Hand!" war dieses Kapitel betitelt. Und seiner Länge und seinem Impulsreichtum nach war es eine echte Handreichung! Aber Gottesdienst wird einfach anders, wenn miteinander gefeiert und dies in guter Weise bewusst und wach gestaltet wird.

9 | „Hör hinein und hinauf!"

Beten mit Emotion

Gottesdienst wird einfach anders, wenn er ein Ort des Gebets ist. Schließlich ist er ja auch nichts anderes als gestaltetes Gebet: Vor Gott, mit Gott, durch Gott werden wir unserer selbst ansichtig und kommunizieren darüber mit Gott. Kann man dies auch kreativ gestalten, sodass man Lust aufs Beten bekommt?

9.1 Beten: Was ist das eigentlich?

Eine bedächtige Stimme moderiert: „Lasst uns beten ..." So werden wir in Gottesdiensten immer wieder „motiviert", still dazusitzen, Augen zu schließen und Händchen zu falten. Es wird ernst: Jetzt bloß nicht räuspern oder sogar kichern ... Und das bei einer Sache, die doch unglaublich reizvoll und bewegend ist, die für jedes Leben mit Gott so elementar ist wie das Brot an jedem Tag: das Gebet!

Beten ist Atemholen bei Gott, also Auftauchen aus sauerstoffarmen Alltagszonen, in denen die Familie mich in die Pflicht nimmt, die Gemeindearbeit mich antreibt, die Schule mich unter Druck setzt, das Smartphone mich vom eigentlich Wesentlichen ablenkt und träge macht. Atemholen, das mich mir selbst und Gott neu schenkt. Der schwäbische Reformator Johannes Brenz sagte daher: „Beten ist das Reden des Herzens mit Gott." Beim Beten geht es immer um ein doppeltes „Date": Gott und mir selbst begegnen. Ich trete mit meiner ganzen Existenz, mit allen Sinnen ins Gespräch mit Gott. Und genau das gibt dem Leben Luft!

9.2 Bewegt beten

Wenn wir dieses „Ins-Gespräch-mit-Gott-Treten" nicht gleich vergeistlichen, sondern am Wort bleiben, kommen wir in Bewegung, zu einem bewegten Beten. Wir können besondere Orte und/oder Handlungen gestalten, die zum Verweilen bei Gott Lust machen. Also sinnen- und leibfreundlich Räume zur Gottesbegegnung öffnen: Da haben Kopf, Hände, Beine, Augen, Nase, Mund an Mauersteinen oder im Labyrinth, mit Bodenbild, Spiel, Salbung, Videoclip, Feuerschale, Lobpreis u. a. zu tun. Dies kann gerade nach der Wort-Verkündigung geschehen, also in der Feier- und Verkostungsphase, sodass das Evangelium nicht im Kopf stecken bleibt, sondern sinnlich-körperliche Tiefe gewinnt. Je nach Form und Inhalt kann solch bewegtes Beten aber auch an anderen Stellen Wohlklang entwickeln. In jedem Fall wird damit aber unser Repertoire an Spür-Fenstern erweitert.

9.2.1 Bewährte und spezielle Gebetshandlungen

Wiederkehrende vertraute Formen (Kerzen in Fürbitte entzünden, selbst Gebete schreiben und nachher anonym vorlesen lassen, segnende Salbung, Körpergebete, Meditationen) schenken Mitfeiernden Sicherheit, sodass sie sich noch mehr auf die eigentliche Begegnung mit Gott einlassen können – und nicht unentwegt fragen: „Was muss ich hier nochmals wie tun?" Auf der anderen Seite können solche Rituale auch anstauben und irgendwann als langweilig empfunden werden. „Tagesaktuellen" Formen wohnt zunächst ein gewisser Zauber und Reiz inne, sie haben gewissermaßen Eventcharakter: Zum Beispiel kann ein Puppen- oder Playmobilhaus zu „meinem Lebenshaus" werden, in dessen Freundschafts-, Lern-, Esszimmer ich Szenen meines eigenen Lebens nachstelle und/oder mich betend frage: „Gott, wo möchte, wo soll ich umräumen? Was genau?"

Gottesdienstverantwortliche sollten daher eine gute Mischung zwischen Bewährtem und Speziellem suchen. Das Thema des konkreten Gottesdienstes und die Grundthemen der jeweiligen Kirchenjahreszeit sind hier wichtige Wegweiser, ob man entspannt auf Bewährtes zurückgreift oder ob sich Neues entwickeln will. Dazu gleich ein Geländer, das den Mut zum Geistesblitz hilfreich unterstützen will. Nicht aber ohne weitere Hinweise – einer davon ist mittlerweile vertraut:

- ■ Im Netz bei jugonet (www.jugendgottesdienste.de – Stand Juni 2015) findest du schon sehr viele ausgearbeitete Ideen für Gebetshandlungen.
- ■ 82 Methoden, von denen etliche auch für gottesdienstliche Zwecke gut umsetzbar sind, bietet folgendes kleine Büchlein: Flohrer, Katja / Müller, Ingo / Rempe, Daniel (Hg.): Hörst Du mich? Gott zum Mitreden (Neukirchener Aussaat / Brunnen / buch+musik, 2014).

9.2.2 Passende Gebetshandlungen selbst finden

Wie kann man selbst kreativ auf eigene passende Gebetshandlungen stoßen? Hierzu ein kleiner Leitfaden mit effektiven Frageimpulsen:

1. Den Inhalt auf den Punkt bringen: Was ist das Thema unseres Gottesdienstes? Welcher Bibeltext liegt ihm zugrunde? Wie lautet die zentrale Botschaft des Gottesdienstes? Was sollen die Feiernden mitnehmen?

Beispiel: „In der Taufe sagt Gott ganz Ja zu uns."

2. Entdecken, was es dazu an Gebetshandlungen schon gibt: Welche uns vertrauten Gebetsformen passen gut zur zentralen Botschaft? Welche können wir entwickeln und dem Thema anpassen? Was finden wir an bereits ausgearbeiteten Gebetshandlungen?

Beispiel: Rituale der Tauferinnerung – sich gegenseitig mit Wasser benetzen und zusprechen: „Du bist Gott unendlich wertvoll"

3. Spurensuche durch kreatives Fragen: Was ergibt sich, wenn wir mit den einzelnen Sinnesorganen „das Thema lesen"? Wie schmeckt, riecht die Aussage, hört, schaut, greift, fühlt sie sich an? Kann man zentrale Begriffe in ein konkretes Bild übersetzen? (z. B. ein gefühlloses Herz als ein Herz aus Stein) Welche Alltagserfahrungen und Alltagsgegenstände verknüpfen sich konkret mit dem Thema? Lässt sich das Thema in eine Aktion, Handlung oder Körperübung überführen? Und falls ein Bibeltext zugrunde liegt: Welche Motive setzt er frei? (Nicht gleich die Worte vergeistigen, sondern möglichst anschaulich verstehen.) Wie inspiriert das Kirchenjahr, auch mit seinen Bräuchen?

Beispiel: In Bezug auf das Wasser fällt uns das wohltuende Duschbad oder die spritzig-spaßige Schlacht mit Wasserballons ein.

4. Prüfung und Ausarbeitung: Wie gehen wir nun konkret vor? Wie vielen Leuten ermöglicht die Gebetshandlung ein gleichzeitiges Beten? (Wichtig, damit kein Leerlauf durch eine Warteschlange aufkommt!) Was können wir leider nicht umsetzen? Was brauchen wir im Einzelnen?

Beispiel: Ist es ein meditatives Nachspüren eines Duschbades, das uns wie neu geboren fühlen lässt? Mit Wasserklängen im Hintergrund durch eine Sound-CD? Dem sich eine klassische Tauferinnerungshandlung anschließt? Oder entscheiden wir uns tatsächlich für eine jugendlich-frische Wasserschlacht mit Ballons draußen? Nach ihr sammeln wir uns zu einer Art „Gebetsgemeinschaft": Unter dem Aspekt „Das Wasser seiner Bejahung ist ..." rufen Einzelne spontan „erfrischend", „belebend", „abkühlend", „reinigend" heraus.

9.2.3 Weitere Impulse

Man kann – wenn es die Kräfte zulassen – auch in jedem Gottesdienst für eine Mischung aus bewährten und speziellen Gebetshandlungen sorgen, indem man schlicht mehrere Gebetsorte gestaltet und sich nicht nur auf die eine Handlung für alle beschränkt. Wird so komponiert, dann sprechen wir – angelehnt an die aus Finnland stammende Thomas-Messe – von einer „Offenen Phase". Dabei können sich Gebetsaktionen und (auch „lockere") Symbolhandlungen gegenseitig bereichern. Neben Gebetsorten, an denen ich einen Liedtext oder ein Bibelwort meditiere oder der frischen Brise des Heiligen Geistes am Ventilator nachspüre, kann es auch eine „Tankstation" mit Getränken, eine Impuls-Ecke mit Sprüchen oder Büchern zum Thema oder eine Kino-Ecke mit einem in Endlos-Schleife laufendem Videoclip geben. Dies macht die Phase vielseitiger und öffnet den Feiernden unterschiedliche Zugänge zu Gott und seiner spürbaren Gegenwart.
Die Dauer von rund 15 Minuten hat sich bewährt.

Das zeigt auch, dass man direkte und indirekte Gebetshandlungen unterscheiden kann: Gebetsaktionen führen direkt vor Gott und lassen im „Du" still oder explizit mit diesem reden, Symbolhandlungen schenken den Feiernden eher eine Begegnung mit sich selbst – im Horizont Gottes, stellen also eher eine indirekte Form des Betens dar. Wir sollten beides wertschätzen (lernen): Eine scharfe Trennung, was wirklich Gebet ist und was „nur" Symbolhandlung, macht wenig Sinn, da ja das ganze Gottesdienst-Feiern mit all seinen Bausteinen letztlich Gebet ist, denn er redet zu uns und wir antworten. Im Download zum Buch findest du unter dem Stichwort „Tränenkrug" ein ansprechendes Beispiel für eine Symbolhandlung.

9.3 Haltung und Anmoderation

Auch die kreativste Gebetshandlung kann nicht das leisten, was sie soll, wenn die Haltung der Verantwortlichen und damit die Anmoderation nicht geklärt bzw. durchdacht sind! Darauf kommt es an:

- Es geht immer auch um eine Hinführung zu „heiligen Räumen": zur persönlichen Begegnung mit dem lebendigen Gott. Das darf man im Grundton der Ansage auch spüren: nicht moralisierend, sondern liebend.
- Die Handlung sollte immer freundlich-werbend als Angebot vorgestellt werden. Lade zum Mitmachen ohne Druck und Zwang ein.
- Tipp: Anmoderation vorbereiten, aber dann frei von Herzen vortragen (auswendig = englisch: by heart!).
- Natürlich darf man in der Begegnung mit Gott auch lachen oder ausgelassen sein! Dabei sollte aber zumindest im Hinterkopf präsent sein, dass auch dies Gebet ist, dass wir eine Zeit mit der besonderen Möglichkeit erleben, uns selbst und Gott neu zu begegnen.
- Nicht nur aus Rücksicht auf die anderen sollte immer der meditative Charakter der Gebetszeit bewusst gemacht werden, dass nämlich Raum vor allem zum schweigenden persönlichen Nachdenken im Rahmen der Handlung(en) besteht. Aber auch ein abschließender Rückblick am Ende einer Handlung oder offenen Phase kann diese Funktion leisten: eine Minute für mich: „Was wurde mir wichtig?"

Gottesdienst wird einfach anders, wenn wir bewegt beten mit Lust und Emotion. Natürlich fordert dies heraus. Vielleicht auch in dieser Weise: Meditative sinnenfreundliche Handlungen können tief unter die Haut gehen. Emotional ergriffene Reaktionen sind wahrscheinlich, denn Menschen spüren in diesem Moment Belastendes und Befreiendes zugleich! Hat unser Team Ressourcen, um sie gegebenenfalls darin nicht allein zu lassen, um also seelsorgerliche Begleitungsangebote zu leisten? Aber eins werden wir in diesen Gottesdiensten spüren: dass wir mit Leib und Seele, als ganze Menschen von Gott geliebt sind.

10 | „Halt es zusammen!"

Gottesdienstliche Vielfaltskultur

Gottesdienst wird einfach anders, wenn wir befähigt werden, eine liturgische Willkommenskultur zu gestalten. Sie wird von der Einsicht getragen, dass ein einziges Gottesdienstmodell nicht für alle Menschen gleichermaßen den Himmel öffnet. So stellt sich in Bezug auf den gottesdienstlichen Spielplan vor Ort die Frage: Wie will wer mit wem wann wo feiern? Denn in einer ausdifferenzierten Gesellschaft sind unterschiedlichste Gottesdienstformen der Normalfall. Es mag sein, dass dies Verantwortlichen nicht gefällt, dass sie dies schlicht ignorieren oder meinen, dass man zur Hauptform alle Menschen erziehen kann – doch bauen sie damit nur unnötig Barrieren auf. Die Wirklichkeit bleibt, wie sie ist. Und die ist bunt. Die Rede von einem „Gott, der sich in sehr persönlicher Weise Menschen zuwendet" müsste doch eigentlich auch liturgische Vielfalt initiieren. Doch gottesdienstliche Vielfaltskultur wird nicht selten als „gemeindespaltend" disqualifiziert – obwohl sie in Wahrheit integriert. Die gottesdienstliche Monokultur bewirkt demgegenüber, dass Menschen, denen das Gottesdienst-Feiern durchaus am Herzen liegt, an andere Orte auswandern, wo sie wirklich kommen können, wie sie sind und wie sie fühlen.

10.1 Faktische Vielfalt

Gehen wir zunächst einen kleinen Schritt auf einem sich öffnenden Weg und machen uns deutlich, dass es schon eine gottesdienstliche Vielfaltskultur gibt! Freilich nicht unbedingt in Bezug auf den Sonntagmorgen-Klassiker, sondern vielmehr tritt sie bei einer gottesdienstlichen Gesamtschau zutage. Die folgende Auflistung an Feier-Formaten lädt zum Entdecken ein und macht deutlich, dass unsere Gemeinde viel beweglicher ist, als wir manchmal denken.

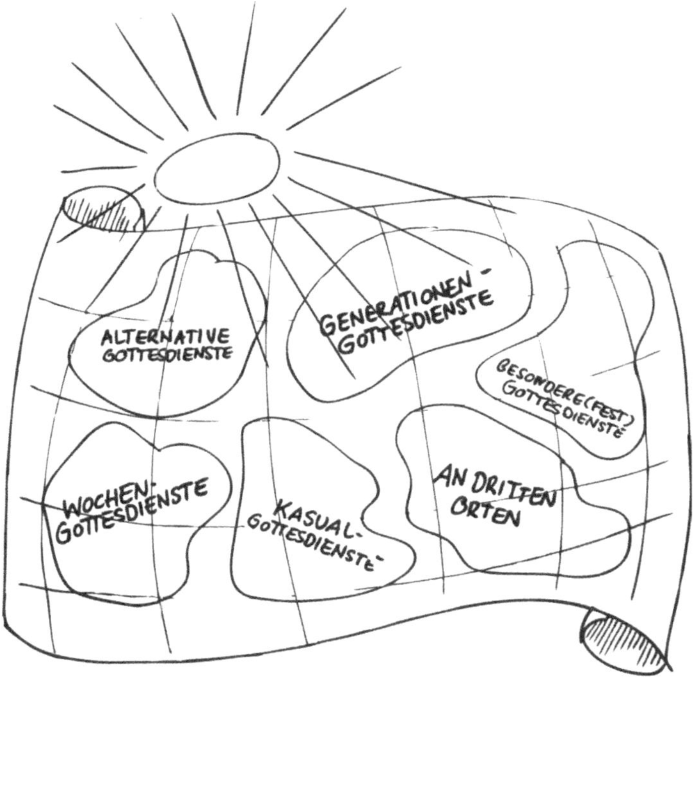

ALTERNATIVE GOTTESDIENSTE

GENERATIONEN-GOTTESDIENSTE

BESONDERE (FEST) GOTTESDIENSTE

WOCHEN-GOTTESDIENSTE

KASUAL-GOTTESDIENSTE

AN DRITTEN ORTEN

- Wochengottesdienste: Früh-Gottesdienst, „Haupt"-Gottesdienst
- Generationen-Gottesdienste: Krabbelgottesdienst, Kindergottes-dienst, Jugendgottesdienst, Familiengottesdienst mit Mittages-sen, Altenpflegeheim-Gottesdienst
- Kasual-Gottesdienste: Taufgottesdienst, Traugottesdienst, Trauer-gottesdienst
- Alternative Gottesdienste: „Zweit"-Gottesdienst mit Mittagessen und Kinderbetreuung, expressiv-ästhetisch (z. B. Nachteulen-Gottesdienst), meditativer Gottesdienst (Taizé), Gospel-Gottes-dienst, Film-Gottesdienst
- Besondere (Fest-)Gottesdienste: Abendmahlsgottesdienst, Kan-tatengottesdienst, Konfirmation, Reisesegen zum Sommer, Ko-operations-Gottesdienste mit Ökumene, Feuerwehr, Volkshoch-schule
- An dritten Orten: Open-Air-Gottesdienst, Straßenfest, Kirche im Grünen, Freibad

 **Übung:** Welche Gottesdienstangebote sind mir vertraut bzw. feiern wir bei uns?

Diese gottesdienstliche Vielfaltskultur beruhigt allerdings noch nicht wirklich. Denn über den Sound, die Tonalität der einzelnen Gottes-dienste ist dabei ja noch nichts gesagt: Zur Vielfaltskultur gehört stets die Orientierung an Lebenswelten, Bedürfnissen und Interessen der Menschen. Erst dann stellt sich Vielfaltskultur ein. Aber immerhin: Das Gemeindeleben zeigt sich bereits jetzt nicht ganz einlinig.

10.2 Wie und wo wir gefeiert?
Eigene Grundsätze bewusst machen

Wir buchstabieren die Leitfrage „Wie will wer mit wem wann wo feiern?" durch und konzentrieren uns zunächst auf das „Wie". Wie wollen wir feiern? Um nicht in Detailfragen zu verebben („Gehört die Orgel zur Band oder nicht?") vergegenwärtigen wir uns unsere (wahrscheinlich unbewussten) Grundsätze in mehreren Schritten.

10.2.1 Gottesdienstprofile vor Ort – Ist und Soll

Die folgende Auflistung enthält entscheidende Aussagen, wie man Gottesdienst feiern kann und will. Diese Aussagen sind implizit oder explizit immer vorhanden! Wir wollen sie in mehreren Schritten schärfen.

Wir …

1	2	3	4	
1	2	3	4	vermeiden Parallelprogramme oder Dubletten.
1	2	3	4	suchen gemeindliche oder kommunale Kooperationen.
1	2	3	4	konzipieren ein breites Gesamtprogramm mit unterschiedlichen Formaten.
1	2	3	4	verstehen unsere gemeindliche Einheit als dynamisches Miteinander, das sich nicht nur als häuslich-zeitliches Miteinander an einem Ort zur selben Zeit abbilden muss.
1	2	3	4	feiern „Zielgruppen"-Gottesdienste in unterschiedlichsten Formaten.
1	2	3	4	feiern generations- und milieuübergreifend („Marktplätze").
1	2	3	4	musizieren mit verschiedensten Instrumentierungen und Musikstilen.
1	2	3	4	agieren gottesdienstlich im regionalen Raum (z. B. gemeinsam im Distrikt).
1	2	3	4	feiern raumsensibel und different (an dritten Orten) und die Liturgie richtet sich danach.
1	2	3	4	feiern gaben- und teamorientiert.
1	2	3	4	gehen kreativ mit der Standard-Liturgie um.
1	2	3	4	feiern beteiligungsorientiert.
1	2	3	4	feiern anlass- und kirchenjahrsbezogen.
1	2	3	4	feiern ressourcenorientiert und achten auf Belastungsgrenzen von Mitarbeitenden.
1	2	3	4	achten gegenseitig unsere verschiedenen Gottesdienst-Formen, -Vorlieben und -Gestaltungsweisen.
1	2	3	4	feiern mit viel Raum für Stille und Gebet.
1	2	3	4	öffnen uns auch gottesdienstlich für die therapeutisch-heilende Kraft Gottes.

☐1 ☐2 ☐3 ☐4   verstehen die Gemeinde / die Mitfeiernden als Feiergemeinschaft und nicht als Publikum.

☐1 ☐2 ☐3 ☐4   feiern gästefreundlich.

☐1 ☐2 ☐3 ☐4   feiern Gott in unserer Mitte und lobpreisen ihn.

☐1 ☐2 ☐3 ☐4   verstehen unseren Gottesdienst als Abbild unseres sonstigen Gemeindelebens („er ist nicht Hebamme, sondern Spiegel ...").

☐1 ☐2 ☐3 ☐4   feiern weltverantwortlich und politisch orientiert.

☐1 ☐2 ☐3 ☐4   benutzen vielfältige Medien und wollen auch eine mediengestützte Verkündigung.

☐1 ☐2 ☐3 ☐4   feiern lebensweltsensibel breit mit unterschiedlichsten Formaten, Kooperationen, an verschiedensten Orten.

☐1 ☐2 ☐3 ☐4   gestalten verlässliche Angebote.

☐1 ☐2 ☐3 ☐4   sorgen kontinuierlich für gottesdienstliche Events.

Übung:

Schritt 1: Wenn du an euer aktuelles Gottesdienstleben denkst, wie verläuft dann – Zeile für Zeile – die Profil-Linie eures Feierns?

Schritt 2: Wähle fünf Grundsätze aus, die euer gegenwärtiges Feiern am meisten prägen.

Schritt 3: Zeichne nun in einer anderen Farbe eine zweite Linie ein, die Zeile für Zeile Auskunft gibt, nach welchem Feiern du dich sehnst. Was wären deine Wünsche?

Schritt 4: Wähle davon fünf Grundsätze aus, die für dich an vorderster Stelle sind und in jedem Fall beherzigt werden müssen bei eurem Feiern.

Schritt 5: Wie und wo unterscheiden sich die zwei Linien bzw. die fünf wichtigsten Grundsätze? Tauscht euch aus und einigt euch auf fünf Grundsätze!

Je nachdem, wie die Linie ausfällt und welche Grundsätze als unverzichtbar angesehen werden, sind wir einen großen Schritt bei der Frage „Wie wird gefeiert?" weiter. Diese Grundsätze können eine Leitplanke für unser Feiern sein und helfen uns, auf einem bestimmten Hauptweg zu bleiben, für den wir uns entschieden haben. Die Konzentration bleibt auf die entscheidenden Dinge gelenkt. Sie helfen uns einzuschätzen, wie sehr wir mit unserer derzeitigen gottesdienstlichen Programmgestaltung bei dem sind, wonach wir uns eigentlich sehnen. Sie helfen uns beim Priorisieren und Nein sagen; helfen, das Wünschenswerte vom jetzt Machbaren zu unterscheiden. Die Vereinbarkeit aller weiterer Ideen und Vorstellungen mit diesen gottesdienstlichen Grundwerten ist dann die entscheidende Richtschnur.

Dieses grundlegende „Wie" des Gottesdienstes bzw. der Gottesdienste ist noch mit unserem grundsätzlichen Ansinnen abzugleichen: Welches Anliegen genau treibt uns? Was wollen wir damit erreichen? Diese weitere Fragerunde ist deshalb wichtig, weil prinzipiell die Möglichkeit besteht, dass das Gottesdienst-Feiern ja gar nicht das adäquate Mittel zum Erreichen dieses Zieles ist!

Machen wir uns das kurz anschaulich: Wir wollen mit unserem Gottesdienst vielleicht ...

- das geistliche Leben der Menschen um uns herum vertiefen. Dafür gibt es durchaus gottesdienstliche Bausteine – und doch ist zu fragen: Wäre ein Kurs bzw. ein monatliches Angebot nicht der geeignetere Weg, um dieses Ziel zu erreichen (z. B. „Exerzitien im Alltag")?
- kirchenfremde Menschen erreichen. Das ist ehrenwert, doch zeigen uns sowohl soziologische Studien wie auch konkrete missionarische Bemühungen in England, dass ein Erstkontakt mit Glaube und Gott sich weit seltener im Gottesdienst ergibt als vielmehr im Fitnesscenter oder an Orten, wo sich die Menschen sonst tummeln.
- die Gemeinschaft in unserer Gemeinde und unter den Mitarbeitenden verbessern. Prima – aber wäre ein monatliches Essen mit dosiertem geistlichem Input dafür nicht geeigneter?
- die Bedeutung der Kirchenmusik (egal, welchen Farbtons) verstärken. Klingt gut – aber wäre eine befristete Konzertreihe als ansprechendes Schaufenster nicht passender?

Es mag auffallen, dass wir bei solchen Überlegungen wieder an Grundeinsichten des Gottesdienst-Feierns stoßen und uns erneut fragen müssen: Was ist Gottesdienst eigentlich?

10.3 Wer feiert? Die Verantwortlichen

Wir schärfen weiter den Blick auf dem Weg zu einer gottesdienstlichen Gesamtkonzeption und fragen nun nach dem „Wer": Wer feiert eigentlich? Im Sinne von: Wer ist verantwortlich für dieses Feiern? Hier geht es bei weitem um mehr als nur darum, einige Namen aufzählen zu können und bestimmte Gesichter im Kopf zu haben.

- Der Pfarrer / die Pfarrerin allein oder ein Team?
- Ein Team ohne oder mit Pfarrer/Pfarrerin?
- Wie ticken die Teammitglieder psychologisch und lebensweltlich? (siehe Kapitel 2-4)
- Welche Gaben und Interessen bringen sie mit? Ist man bereit, diese für die Konzeption und Gestaltung fruchtbar werden zu lassen?
- Welche Motive und Leidenschaften bestimmen sie? Warum engagieren sie sich letztlich? Welche gottesdienstlichen Praxisfelder können wir damit gut bespielen? (siehe Kapitel 3.2.1)
- Aus welchen eigenen geistlichen Quellen leben sie?
- Kommen sie regional zusammen oder alle aus demselben Ort? Und welches Umfeld haben diese Akteure damit im Blick?

Diese Fragen bestimmen direkt das Gottesdienstkonzept und seine Gestaltung. In der Regel allerdings umgekehrt zu dem, was verbalisiert wird: Was wir wollen und wünschen, wird deutlich benannt. Wer wir sind und was wir leisten können, ist kaum der Rede wert.

„Der Apfel fällt nicht weit vom Stamm" gilt gerade auch in diesem Kontext: Das, was ein Team gottesdienstlich leisten kann und welche Frucht es gebiert, wird sich recht nah an seiner durch die obigen Fragenhorizonte ermittelten Identität bewegen. Manch gut gemeinte Absicht erweist sich damit als Illusion.

Sich der „Wer"-Frage zu stellen, soll nicht entmutigen! Vielmehr schützt sie vor Frustrationen und Enttäuschungen – und davor, dass einem die Luft ausgeht. Sie aufrichtig zu beantworten, kann uns helfen, unser Gottesdienstkonzept zu schärfen und unseren Möglichkeiten anzupassen. Denn erinnern wir uns: In erster Linie geht es darum, dass wir Christus in unserer Mitte feiern.

Dann aber könnten die Entdeckungen uns auch öffnen: Wenn wir diesen oder jenen Grundsatz haben, den wir nicht ohne Weiteres selbst abdecken können – wen oder was also brauchen wir im Team? Vielleicht nicht jedes Mal, aber von Zeit zu Zeit? Welche Scouts, welche Stimmen, welche Klangfarben, welche Technik, welches Know-How, welche Fortbildung, welche Kooperation ist nötig, damit wir unsere Grundsätze etwas stärker verwirklicht sehen können?

10.4 Mit wem wird gefeiert?
Bedürfnisse der Mitfeiernden in den Blick nehmen

Wenn wir „mit wem?" fragen, macht dies deutlich, dass wir nicht für irgendeine Zielgruppe feiern, sondern stets mit Menschen! Das Gottesdienst-Feiern nimmt diese ernst, achtet deren Interessen, Gestimmtheit, Bedürfnisse.

10.4.1 Lebensweltliche Expeditionen

Die in Kapitel 4 geschilderte Lebenswelt-Perspektive hilft uns immens, Menschengruppen schärfer wahrzunehmen und ihre Belange, ihr „Ticken" besser zu verstehen. Damit bekommen wir ein gesundes Gespür dafür, welche Tragfähigkeit und Brückenkraft unser Gottesdienstkonzept lebensweltlich hat und mit wem wir tatsächlich feiern. Insbesondere die atmosphärische Klangfarbe unseres Feierns können wir hierbei besser fassen. Und die Frage nach der Häufigkeit unseres Feierns bekommt ebenfalls hilfreiche Anregungen, die ein „Weniger ist mehr" sogar plausibel machen können.

 **Übung:** Feiern wir wirklich mit den Menschen, mit denen wir eigentlich feiern wollen?

10.4.2 Bedürfnisorientierung

Die lebensweltliche Erkundung macht uns auch für Motive und Bedürfnisse der Menschen sensibel. Das ist relevant, denn unser Gottesdienst-Feiern leistet einiges in Bezug auf die Stillung von Bedürfnissen. Mit wem wir feiern, entscheidet sich auch daran, welchen Bedürfnissen wir mit unserem Feiern entgegenkommen. Es lohnt sich auf diesem Hintergrund, die gottesdienstliche Bedürfnisleistung näher zu betrachten. Welche Bedürfnisse wollen wir abdecken? Welche decken wir tatsächlich ab, welche nicht?

Hier eine kleine Liste von dem, was Menschen in unseren Gottesdiensten suchen: bewegt werden, Kraft spüren, meditieren, Menschen treffen, Gemeinschaft und Verbundenheit erleben, singen, Gott begegnen und ihn spüren, mit jemandem sprechen, tolle Musik hören, Ruhe und Stille finden, essen und trinken mit anderen, Hilfe planen und umsetzen, Segen erleben, nichts tun und aufatmen, neue Leute kennenlernen, übers Leben nachdenken, Heilung, vom Glauben hören, Glaubenswissen, Lebenshilfe, beten (auch für andere), Trost, Impulse für Entscheidungen, Ermutigung.

Übung: Was fanden Menschen bei unserer letzten Gottesdienst-Feier? Durch welche gottesdienstlichen Bausteine vor allem? Und: Welchen fünf Bedürfnissen wollen und können wir hauptsächlich entgegenkommen? Wie?

10.4.3 „Personale Scouts"

Die Frage „Mit wem feiern wir?" korreliert sehr eng mit der Frage „Wer feiert?". Ein Brückenschlag zu „den fremden Anderen" kann gottesdienstlich nur dann wirklich gelingen, wenn wir auch tatsächlich „Brücken-Köpfe" in unseren Reihen zu jenen Menschengruppen haben, mit denen wir gern feiern.

Es stellt sich hier nochmals die Frage nach unserer Kooperationsfähigkeit und der Fähigkeit, Freiräume zu ermöglichen: Sind wir imstande, auf Menschen aus anderen Gruppen (z. B. die Eltern aus dem gemeindeeigenen Kindergarten oder der Konfirmanden) zuzugehen und sie zu fragen, ob sie sich nicht punktuell diese oder jene Mitarbeit bei diesem oder jenem Thema vorstellen könnten? Unterschiedlichste Bausteine für solch eine Beteiligung bietet doch ein Gottesdienst! Ahnen wir, wie einfach anders unsere Gottesdienste sich gestalteten, wenn wir dazu Mut hätten? Wenn wir mehr an unseren Berührungsängsten arbeiteten als am neuen Plakat? Mir kommen spannende alltagsnahe Gottesdienstfeiern in den Sinn:

- „Der Mensch ist, was er isst" – mit dem Koch / der Köchin eines ortsnahen Restaurants, der/die auch für den Leckerbissen im Anschluss an den Gottesdienst sorgt.
- „Hilfe: Wir sterben aus" – Was Familien brauchen: mit dem Mitarbeiter / der Mitarbeiterin des Landratsamtes
- „Ich suche den Kick" – Was das Klettern so reizvoll macht: mit dem Vorsitzenden / der Vorsitzenden des Alpenvereins
- „Mehr als bloße Worte" – die Kraft der Poesie: mit dem örtlichen Deutschlehrer / der örtlichen Deutschlehrerin

Diese Beispiele sollen genügen, was mit welchem Sound möglich wäre. Und niemand sage: Wo bleibt dann die bibelorientierte Verkündigung? Es ist in der Regel leichter als gedacht, biblische Bezüge herzustellen oder geistliche Traditionen darin einzuspielen. Ansonsten wäre die Bibel ein alltagsfernes Buch und unsere kirchlichen Traditionen eine bezugslose Parallelwelt!

10.5 Wann und wo wird gefeiert?

Hat man nun geklärt, wie wer mit wem feiert, stellt sich die Frage nach Zeiten und Orten. Wann und wo? Wir fragen also weiter nach, wie das, was wir bisher konkretisiert haben, durch Zeiten und Räume unterstützt werden kann:

- Welche Rolle spielen für unser Konzept das Kirchenjahr und die Jahreszeiten? Inwiefern sind wir auf konkrete Anlässe (z. B. Feste in unserer Kommune oder Freizeitverhalten der Menschen) bezogen?

■ Welcher Rhythmus dient unserem Konzept? Wöchentlich, monatlich, vierteljährlich, Wintersaison usw.? Welcher Wochentag passt am besten zum Konzept?

■ Welche Startzeit sollte unser Gottesdienst haben, damit unserem Konzept am besten gedient ist (morgens, nachmittags, abends?)

■ An welchem Ort sollten wir feiern, damit unserem Konzept am besten gedient ist?

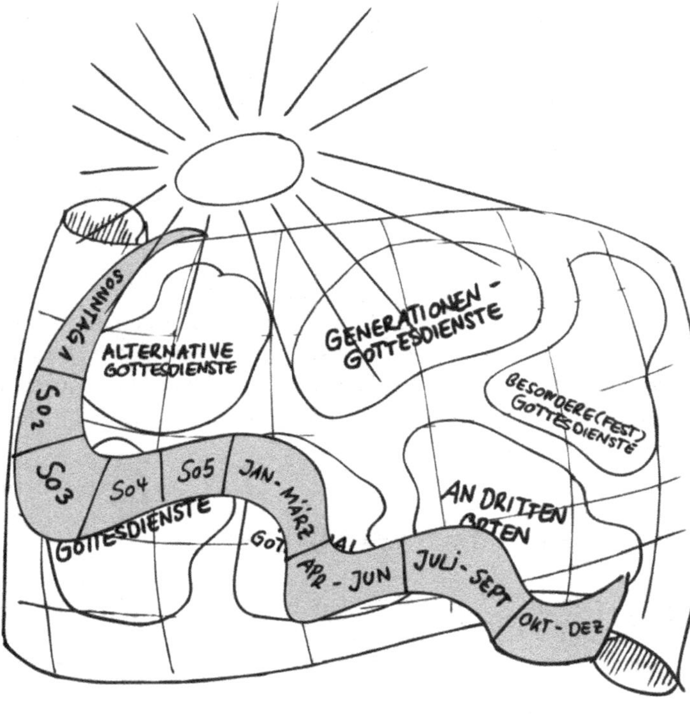

Anhand der Leitfrage „Wie feiert wer mit wem wann und wo?" entsteht eine gottesdienstliche Gesamtkonzeption, die für vielfältige Formen, Rhythmen, Zeiten offen ist – und kein Wunschkonzert, das die gemeindliche Identität übergeht bzw. die Mitwirkenden auf Dauer überfordert und auszehrt. Es tritt ein rhythmisierter „liturgischer Spielplan" mit wöchentlichen, monatlichen, saisonalen Feiern zutage, der uns selbst dankbar und Gott schön sein lässt. Er entlastet und fördert zugleich. So wird Gottesdienst einfach anders und wir bleiben fit fürs Feiern.

Noch ein kurzer Literaturtipp für eine „frische Kirche":
Im Buch „Jugend – Kirchen – Räume. Magazin für mehr Jugendkirchen in Kirchenräumen" (herausgeben von Petra Dais und Robby Höschele, buch+musik, Stuttgart, 2013) sind ganz verschiedene Beispiele für Jugendkirche und Gestaltungsmöglichkeiten enthalten.

Autoreninfo

Steffen Kaupp ist Pfarrer und Projektreferent für „Fit Fürs Feiern" (Alternative Gottesdienste) und „Lust auf Andere" (milieusensible Jugendarbeit) beim Evangelischen Jugendwerk in Württemberg. Darüber hinaus leitet er die Redaktion von „jugonet", der vitalen Onlineplattform für Jugendgottesdienste. Mit der Familie im idyllischen Winterbach im Remstal wohnend, spielt und liebt er guten Bluesrock sowie die Jagd auf das runde Leder.

Kontakt: steffen.kaupp@ejwue.de